浅草
区間準急
8130

東武スカイツリーラインの歴史

明治32（1899）年8月27日	●北千住～久喜間で東武線の営業を開始
明治35（1902）年4月1日	●北千住～吾妻橋（現・とうきょうスカイツリー）駅間が開通
明治37（1904）年4月5日	●曳舟～吾妻橋（現・とうきょうスカイツリー）駅間が廃止
明治41（1908）年3月1日	●曳舟～吾妻橋（現・とうきょうスカイツリー）駅間が貨物線のみで開通（再開）
大正元（1912）年12月18日	●鐘ヶ淵～北千住間が複線化
大正10（1921）年4月16日	●武里～杉戸（現・東武動物公園）駅間が複線化
大正10（1921）年10月20日	●草加～越谷間及び武州大沢（現・北越谷）～武里駅間が複線化
大正13（1924）年10月1日	●浅草（現・とうきょうスカイツリー）～西新井間で電車の運転を開始
昭和6（1931）年5月25日	●浅草雷門（現・浅草）～業平橋（現・とうきょうスカイツリー）駅間が開通
昭和20（1945）年10月1日	●浅草雷門駅を浅草駅に改称
昭和28（1953）年8月1日	●浅草～東武宇都宮駅間で急行列車の運転を開始
昭和28（1953）年10月26日	●伊勢崎線に急行料金を設定
昭和29（1954）年7月19日	●浅草駅に初の機械式自動券売機を設置
昭和31（1956）年10月	●浅草駅に電気式自動券売機を設置
昭和39（1964）年8月29日	●営団（現東京メトロ）日比谷線が全通 ●東武線が中目黒駅への乗り入れを開始
昭和41（1966）年9月1日	●日比谷線直通列車が運転を北春日部駅まで延長
昭和42（1967）年2月22日	●曳舟～鐘ヶ淵駅間が高架化
昭和47（1972）年3月9日	●梅島～西新井駅間が高架化

老舗路線の愛称として名付けられた 東京スカイツリーラインの歩み

時代とともに進化を遂げるニュートレイン

●東武鉄道の概要

東武スカイツリーラインの歴史に触れる前に、まずは東武鉄道について紹介する。

明治30（1897）年に開業した「東武鉄道」は、その後いくつもの路線が順次構築された。現在では東武伊勢崎線をはじめ、東上線、日光線、宇都宮線、鬼怒川線、野田線（アーバンパークライン）、桐生線、越生線、小泉線、佐野線、大師線、亀戸線の計12路線が1都4県（東京都、埼玉県、千葉県、栃木県、群馬県）にまたがって運行されている。巨大な路線網が関東全域にわたって広がっていると言っても過言ではないだろう。

一般的に「東武本線」と呼ばれ、

井駅と、東上線の上板橋駅を結ぶ路線の構想があった事実はあまり知られていない。

西新井と上板橋間の距離は11.6kmあり、新路線が開通すればさらなる交通の利便化が望めるとして、大正13（1924）年に政府から鉄道新設の免許状が交付されている。

しかし、同区間には隅田川をはじめ多くの幹線道路が通っており、線路の敷設が困難だと判断した東武鉄道は、西新井ー大師前間の開業にとどめた。これが現在の東武大師線である。こうして、東武鉄道の根幹をなす伊勢崎線と東上線沿線の駅間を直結する路線は幻となった。

昭和47（1972）年8月15日	●初の自動改札機を西新井駅に設置
昭和49（1974）年7月2日	●北千住〜竹ノ塚駅間の複々線化が完了
昭和54（1979）年8月30日	●竹ノ塚〜谷塚間の一部が高架化
昭和56（1981）年3月16日	●杉戸駅を東武動物公園駅に改称 ●営団（現・東京メトロ）日比谷線の運転区間が東武動物公園駅まで延長
昭和62（1987）年12月21日	●玉ノ井駅を東向島駅に改称
昭和63（1988）年8月9日	●竹ノ塚〜草加駅間の高架複々線化が完成
昭和63（1988）年12月1日	●草加〜綾瀬川間の高架化が完成し、草加市内の全踏切を撤去
平成2（1990）年9月25日	●業平橋駅を改良。都営、京成線の押上駅と連絡
平成2（1990）年12月23日	●北千住駅の混雑緩和のため、上りホームを最大14メートルに拡張
平成6（1994）年11月2日	●伊勢崎線の綾瀬川〜元荒川間の高架化が完成
平成8（1996）年7月23日	●北千住駅の混雑緩和のため、東武線の発着を1階、日比谷線を3階と分離
平成9（1997）年3月25日	●北千住駅の改良工事が完成 ●草加〜越谷間の高架複々線化が完了 ●専用ホームを設け、上りの特急、急行列車が北千住駅に停車開始
平成13（2001）年3月28日	●越谷〜北越谷駅間の高架複々線化が完了
平成24（2012）年2月29日	●東京スカイツリータウン®が竣工（同年5月25日に開業）
平成24（2012）年3月17日	●業平橋駅をとうきょうスカイツリー駅に改称 ●伊勢崎線に路線愛称「東武スカイツリーライン」を導入
平成24（2012）年4月20日	●とうきょうスカイツリー駅がリニューアルオープン
平成24（2012）年10月27日	●展望車両である634型「スカイツリートレイン」がデビュー

東武鉄道の根幹を担っているのが、浅草と伊勢崎を結ぶ伊勢崎線、大宮と船橋を結ぶ野田線、東武動物公園と東武日光を結ぶ日光線の3路線である。一方で東上本線と越生線からなる飛び地路線・「東武東上線」もまた「東武本線」と並ぶ路線網だ。

●東武最初の路線・東武伊勢崎線

なかでも東武伊勢崎線は、東武鉄道における最初の鉄道路線であり、全長114.5km、駅数54と、最大の規模を誇る。営業距離はJRを除けば関東地方最長である。

東武鉄道が開業して2年後の明治32（1899）年、北千住と久喜間を走行する鉄道として東武伊勢崎線は産声をあげた。

その後、路線は少しずつ延長され、伊勢崎駅との開通が開始されたのは明治43（1910）年のことである。また、起点駅も北千住から徐々に南に伸び、昭和6（1931）年に浅草雷門駅が開業し（詳細は8ページ「浅草駅」を参照）、現在の東武伊勢崎線が完成した。

ちなみに、かつて伊勢崎線の西新

●東武スカイツリーラインと多種多彩な列車

さて、東武スカイツリーラインという名称だが、これは言うまでもなく世界最長の自立式電波塔「東京スカイツリー®」の名に由来している。東武鉄道がスカイツリーの建設にも尽力、協力していた縁もあり、同開業にともない、平成24（2012年）3月、浅草ー東武動物公園、押上ー曳舟の区間は「東武スカイツリーライン」という愛称で呼ばれるようになった。つまり、東武伊勢崎線の区間の一部が東武スカイツリーラインということだ。

東京の新たな観光名所を巡ることができる東武スカイツリーラインには、特急、快速、区間快速、急行、区間急行、準急、区間準急、普通の8種類の列車がある。それぞれ主な運転区間は異なるが、種類が多いため乗り間違えには注意する必要があるだろう。

本書では、浅草から東武動物公園までを結ぶ「東武スカイツリーライン」沿線の駅や街並を紹介する。

昭和35年、北越谷～大袋駅間を走行中の電車（提供／花上嘉成）

昭和30年頃、鉄橋を走る復旧電車（提供／中島清治）

昭和10年頃の粕壁（現・春日部）駅構内（提供／中島清治）

大正15年の越谷～粕壁駅間。東武線電化が完成（提供／中島清治）

昭和30年の東武鉄道浅草荷扱い所（提供／中島清治）

交通と文化の東武博物館

東武鉄道の歴史を語り継ぐ、貴重な資料満載！

東武博物館エントランス

写真提供：東武博物館

ウォッチングプロムナード

パノラマショー（1日5回）

住所：東京都墨田区東向島4-28-16
開館時間：10：00～16：30
休館日：毎週月曜日（月曜日が祝日・振替休日の場合は翌日）
年末年始（12月29日～1月3日）

5700形5701号（ネコひげ）

SLショー（1日4回）

電車のシミュレーション　50050系

浅草

あさくさ

東武鉄道の起点、ターミナル駅

北口出口。地下鉄への乗換は正面口なので注意が必要だ。

現在の浅草駅の外観。

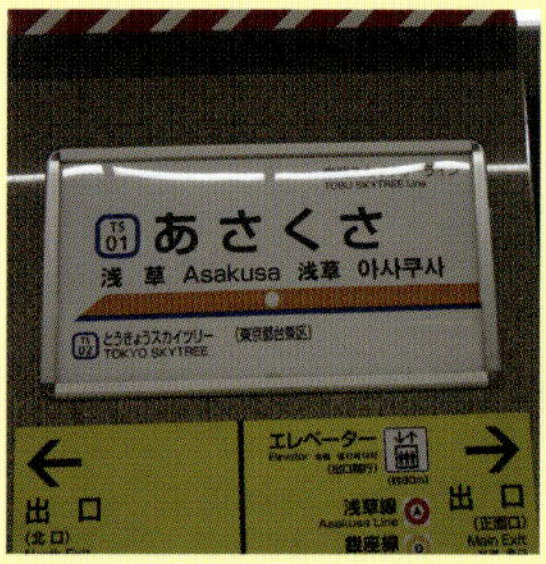

駅データ

- ▶開業年
  昭和6(1931)年5月25日
- ▶駅所在地
  台東区花川戸1-4-1
- ▶1日の平均乗者数
  53190人
- ▶起点(浅草)からの距離
  0.0km
- ▶乗換
  都営地下鉄浅草線
  東京メトロ銀座線

開業当時の浅草駅。「浅草松屋」の文字が時代を感じさせる。(提供／富田亮)

浅草は東京・下町の代表的な街としてのみならず、近年は外国人観光客たちで多く賑わう観光地として有名だ。JR山手線の円からわずかに外れた位置にある浅草駅は、日光や栃木(東武日光線)といった北関東への玄関口の役割を担っている。

また、館林や桐生(東武伊勢崎線)までを結び、さらに東京メトロ銀座線、都営地下鉄浅草線の停車駅でもあり、都心および郊外都市をつなぐターミナル駅と言っても過言ではないだろう。

東武浅草駅の歴史は昭和6(1931)年にまで遡ることができる。あまり知られていないが、かつての浅草駅は現在の業平橋にあった。路線の延長とともに場所が移動され、駅名も「浅草雷門駅」と改称された。

浅草
押上
とうきょうスカイツリー
曳舟
東向島
鐘ヶ淵
堀切
牛田
北千住
小菅
五反野
梅島
西新井
竹ノ塚
谷塚
草加
松原団地
新田
蒲生
新越谷
越谷
北越谷
大袋
せんげん台
武里
一ノ割
春日部
北春日部
姫宮

東武鉄道浅草駅(現在の業平橋)。(提供/すみだ郷土文化資料館)

浅草の観光名所の1つである吾妻橋。

新仲見世商店街。多くの店が軒を連ねる。

浅草駅年表

昭和6(1931)年
東武浅草駅の前身である「浅草雷門駅」が開業。

昭和20(1945)年
「浅草駅」に改称。

昭和29(1954)年
機械式自動券売機が設置される。

昭和32(1957)年
ホームを増設。

昭和49(1974)年
駅舎にアルミ製の外壁が用いられる。

平成3(1991)年
発車メロディが導入される。

平成24(2012)年
駅舎が開業時の姿にリニューアル。11月には駅ビルに商業施設「EKIMISE」がオープン。

同年5月に開業した浅草雷門駅には老舗高級デパート店の「松屋」が併設され、当時としては初のターミナルデパートとして注目を浴び、浅草のランドマーク的存在になった。

現在の「浅草駅」と改名されたのは昭和20（1945）年である。昭和49（1974）年にはアルミ製の外壁が取りつけられる改装工事が行なわれた。そして、かつて東武浅草駅のトレードマークと呼ばれた電光式看板が導入された。

昭和50年代は看板に「日光、鬼怒川、川治」の文字が「東武特急」の上に大きく表示されていた。その後マイナーチェンジを経て、主要駅名の上に「浅草駅東武電車」の文字が載った看板を目にしたことがある人も多いだろう。

平成24（2012）年に駅舎が浅草駅開業時の姿にリニューアルされたため、駅のシンボルだった看板は取り外されてしまった。なお、新駅舎は地上7階、地下1階建てである。

浅草

駅舎リニューアル前の浅草駅。

東武浅草駅の改札口。時刻表が分かりやすく表示されている。

駅のホーム。青の看板が目立つ。

さて、東武浅草駅のホームから改札口に向かうと、各路線の出発時刻や行先が電光掲示板で分かりやすく表示されている。駅を出ると、徒歩数分で辿り着ける場所に隅田川や浅草寺、花屋敷といった定番の観光名所がある。

最近浅草の観光スポットで人気を集めているのが、隅田公園から出航している水上バスだ。船上からの景色は雄大で、東京スカイツリーをはじめ、アサヒビールタワーや吾妻橋が眼前に広がり、「Tokyo Cruise」を満喫することができる。

付記として「浅草」にまつわる豆知識を2つ紹介する。まず浅草という地名の由来だが、「東京府志料」にある「草深い武蔵野のなかにあってあまり茂っていないところ」というのが定説とされている。もう1つは駅に関する知識で、かつて浅草駅と現在のとうきょうスカイツリー駅の間に「隅田公園

浅草
押上
とうきょう
スカイツリー
曳舟
東向島
鐘ヶ淵
堀切
牛田
北千住
小菅
五反野
梅島
西新井
竹ノ塚
谷塚
草加
松原団地
新田
蒲生
新越谷
越谷
北越谷
大袋
せんげん台
武里
一ノ割
春日部
北春日部
姫宮
東武
動物公園

昭和54年の浅草通り。（提供／すみだ郷土文化資料館）

隅田公園にある水上バス乗り場。

下町情緒が残る浅草だが、近年は高層ビルやマンションの建設も進んでいる。

古地図で見る浅草

昭和43年

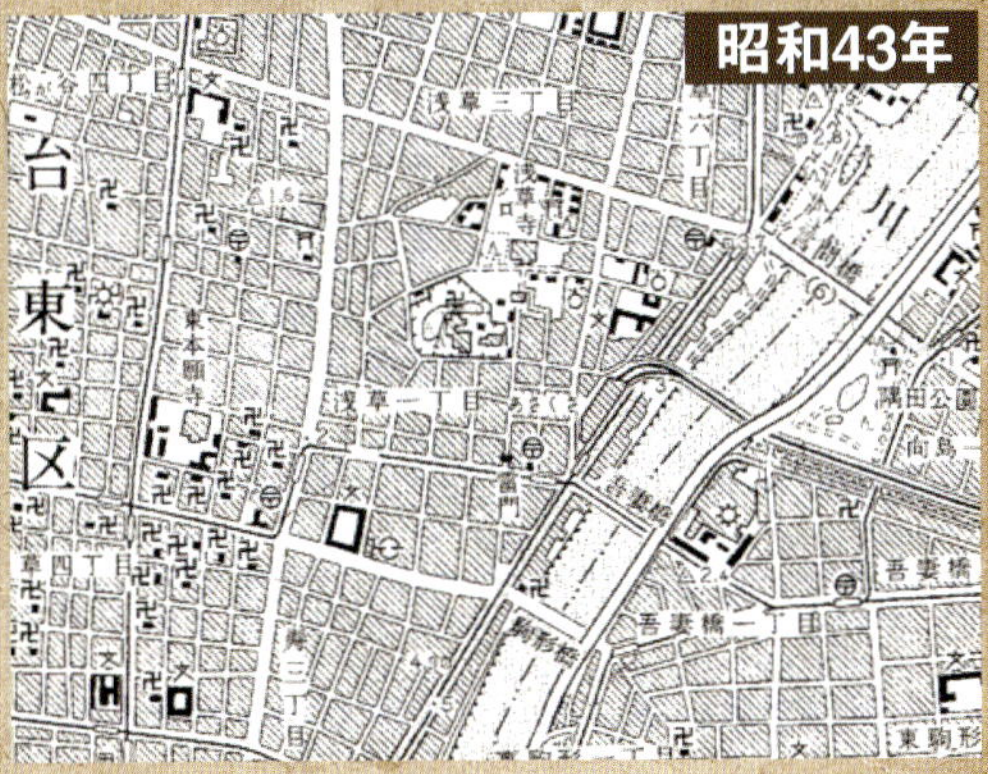

「あさくさ」を中心に浅草寺や雷門、吾妻橋などの観光名所の地名が見える。東本願寺周辺に寺院が集中しているため、「卍」のマークが大量に掲載されている。

浅草駅を出発する10030系車両。

駅」という駅が存在していたが、昭和33（1958）年に廃止した。

押上

おしあげ

東京スカイツリーの真下に位置する地下駅

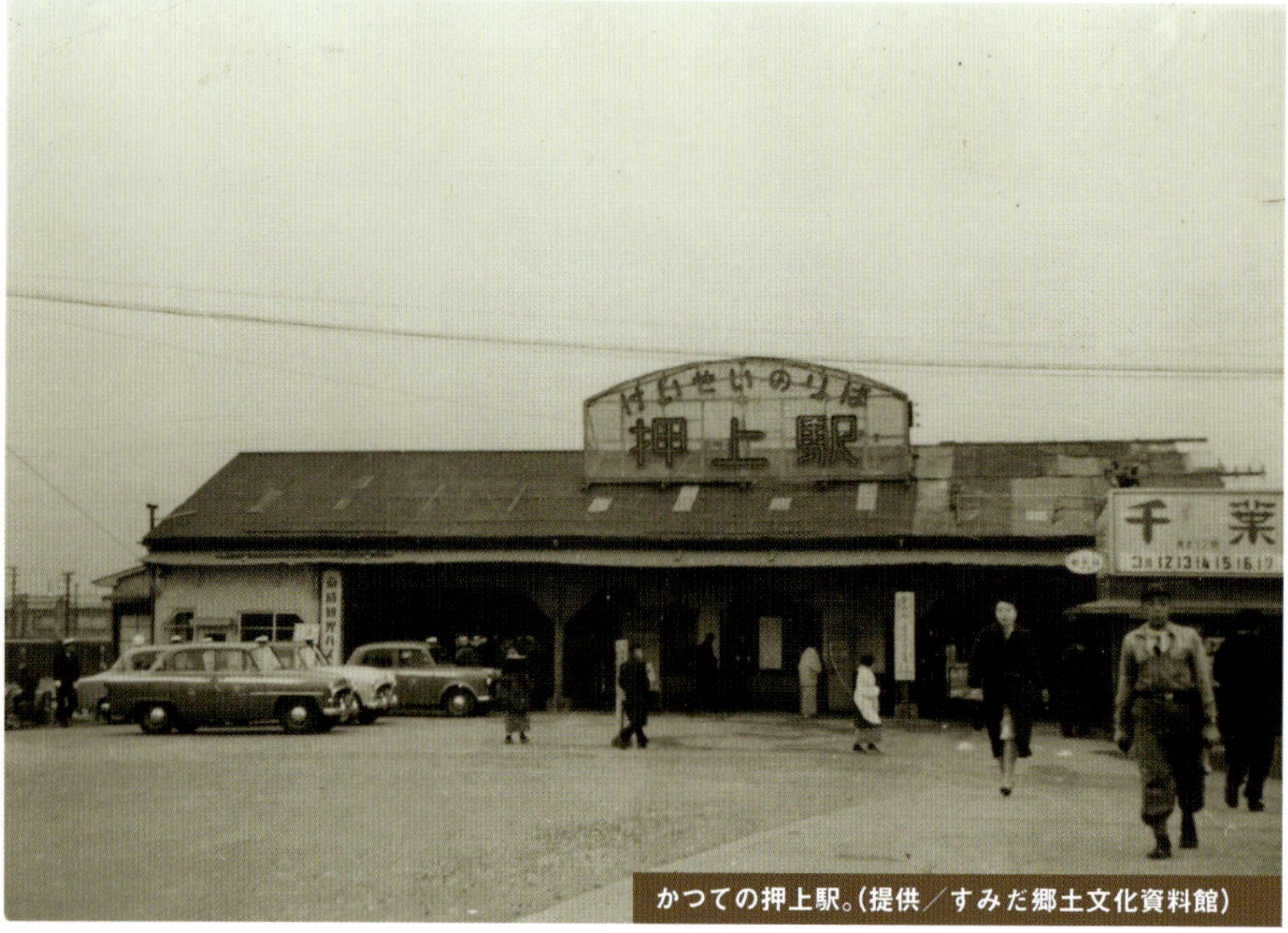

かつての押上駅。(提供／すみだ郷土文化資料館)

昔の押上付近の光景。(提供／すみだ郷土文化資料館)

現在の押上駅。

駅データ

▶開業年
平成15(2003)年3月19日
▶駅所在地
墨田区押上1-1-65
▶1日の平均乗者数
107,663人
(とうきょうスカイツリー駅と合算)
▶起点(浅草)からの距離
1.5km

東武スカイツリーライン直通の東京メトロ半蔵門線をはじめ、京成電鉄押上線や都営地下鉄浅草線と地下でつながっている押上駅は、連日多くの人々の行き来で賑やかだ。

駅の正式名称は「押上（スカイツリー前）」であり、その名のとおり駅は東京スカイツリーのほぼ真下に位置している。そのため、近年は観光客の姿が目立つようになった。

駅所在地周辺の「押上」という地名は、そもそも泥土の堆積の状況に由来している。しかし、これには諸説あり、もともと海であった場所に潮が押し上げて陸地化したという説や、水害によって自然と土砂が押し上げられたことによって土地が生まれた説など、現在も定説は存在しない。

明治初期の押上駅前。(提供／すみだ郷土文化資料館)

駅前に広がる押上通り商店街。

建設中の東京スカイツリー。(提供／富田亮)

古地図で見る押上

昭和30年代当時から押上駅の西側に住宅地等は点在せず、土地整理されていたことが分かる。とうきょうスカイツリー駅の古地図と合わせて見ると、ちょうど押上駅との中間地点に現在の東京スカイツリー®がある。

前述したように、押上駅は都営地下鉄浅草線や京成押上線の「押上駅」に隣接しており、知名度を勘案した東武鉄道が同名の駅名を命名した。

駅を降りて地上に出ると、目の前に東京スカイツリーがそびえる。一方で駅前には「押上通り商店街」があり、下町情緒の面影が残る街並も押上の特徴だろう。

現在の押上駅周辺の様子。

東武スカイツリーライン雑学クイズ
Q3. 東武鉄道は何年に創立した？

とうきょうスカイツリー

とうきょうスカイツリー

東京スカイツリータウン®の開業にあわせて生まれ変わった駅

昭和55年当時の業平橋駅付近。（提供／すみだ郷土文化資料館）

業平橋駅時代の改札出口。

とうきょうスカイツリー駅の入出口。

駅データ

▶開業年
明治35（1902）年4月1日
▶駅所在地
墨田区押上1-1-4
▶1日の平均乗者数
107,663人（押上駅を含む）
▶起点（浅草）からの距離
1.1km

浅草駅と並び、1日の乗降者数が5万人を優に超えるとうきょうスカイツリー駅は、東京スカイツリーや東京ソラマチを一帯とした東京スカイツリータウン®への最寄り駅として、連日沢山の観光客たちで賑わいを見せている。

押上駅から足を運ぶ人も多いが、浅草駅から出発する東武スカイツリーラインに乗車してやって来る日本人、外国人観光客はそれに勝る。

駅改札口を通って外に出ると、眼前に東京スカイツリーの勇姿が映る。スカイツリーに向かって歩いていくと「Ｔｏｗｅｒ ｙａｒｄ」と呼ばれる広場にたどり着く。そして目の前に広がるのが東京スカイツリータウン®である。

「とうきょうスカイツリー駅」

現在のとうきょうスカイツリー駅周辺。

業平橋駅時代の駅名標。

駅を駆け抜ける新型スペーシア。

とうきょうスカイツリー駅 年表

明治35（1902）年
吾妻橋駅として開業。

明治43（1910）年
「浅草駅」に改称。

昭和6（1931）年
現在の浅草駅が台東区花川戸で開業。それに伴い駅名を「業平橋」に改称。

平成24（2012）年
東京スカイツリータウンの開業に伴い、駅名が「とうきょうスカイツリー」に変更される。

という名称のみを聞くと、極めて近代的な雰囲気が漂っているが、同駅の歴史は古く、深い。

同駅は東武伊勢崎線が開通した明治35（1902）年、「吾妻橋駅」として開業された。ただ、2年後の明治37（1904）年に東武亀戸線が開通すると、貨物営業が再開されるまでの4年間、吾妻橋駅は一時閉鎖される。

駅としての営業は明治43（1910）年に再開するが、その際駅名が「浅草」に改称される。ところが、浅草の項でも触れたように、昭和6（1931）年に現在の浅草駅がある位置で「浅草雷門駅」が開業されたため、「浅草駅」は「業平橋駅」に変更された。

ここで、業平橋という地名について紹介したい。ご存知の人も多いと思うが「業平橋」は平安時代の歌人・藤原業平に由来する。当時、藤原家による摂関政治のもとで官位を取り上げられた業平は、その後10年間にわたって諸国を流浪する。隅田川の渡し船で詠んだ

東武スカイツリーライン雑学クイズ
Q4. 東武伊勢崎線は、東京の浅草駅と群馬の何駅を結ぶ？

業平橋駅時代のホーム。右上に見えるのが、当時建設中だった東京スカイツリー。

北十間川付近は鉄道ファンたちの間で有名な撮影スポットである。

現在の駅ホーム。

歌は有名で、それが後世まで語り伝えられ、彼が遊歴した故事を偲び名付けられたのが「業平橋」と言われている。

その後長きにわたって「業平橋」としての営業が続くことになるが、平成24年5月に東京スカイツリータウンのグランドオープンに伴い、現在の駅名に改称された。

だが、「業平橋」の駅名にこだわり、「とうきょうスカイツリー」への駅名改称に反対する声も多かった。現在もなお「旧業平橋駅」と呼ぶ電車ファンも少なくない。そのため、東向島駅の後ろに旧名称の玉ノ井が追加されたように、とうきょうスカイツリーの後ろにも「旧業平橋」の名称が付加されている。

駅ホームの駅名標を見ると、「とうきょうスカイツリー」の下に英語表記、中国語表記、韓国語表記と続き、最後に「旧業平橋」と書かれている。

別角度から撮影した業平橋と東京スカイツリー。

東京ソラマチの外観。

東京ソラマチにあるすみだ水族館。

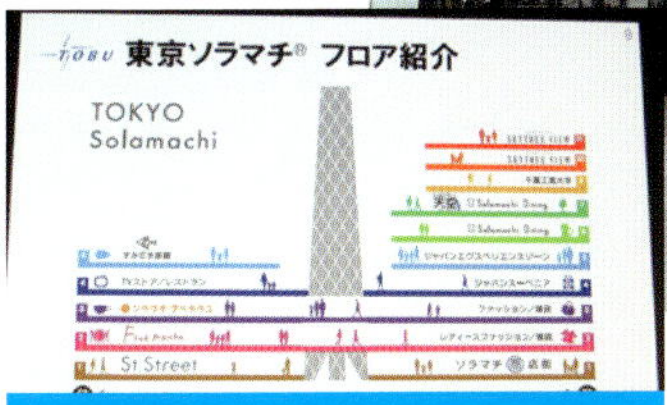

東京ソラマチのフロア案内板。左上には東武鉄道のロゴが入っている。

古地図で見るとうきょうスカイツリー

中央に「なりひらばし」の文字が見える。周辺には「向島」「押上」「業平」「吾妻橋」などさまざまな住所が表記されている。

東京ソラマチに並ぶオシャレな店。

駅周辺の街並の発展とともに近代名称化したとうきょうスカイツリー駅は、日本を代表する新たな国際観光地の玄関口として、成長を続けている。

曳舟

ひきふね

通勤・通学客で混雑必至 かつて構内に川が流れていた駅

昭和32年当時の曳舟駅舎。（提供／すみだ郷土文化資料館）

現在の曳舟駅。

駅データ

▶開業年
明治35（1902）年4月1日
▶駅所在地
墨田区東向島2-26-6
▶1日の平均乗者数
24,668人
▶起点（浅草）からの距離
2.4km

「ひきふね」と読む曳舟の地名は、江戸時代に進められた本所深川の開発と深い関係がある。明暦3（1657）年に江戸を襲った大火事「名暦の大火」の後、開発にともなって元荒川から「本所上水」が引かれた。以降、旅人や農作物などを乗せた「サッパコ」と呼ばれる船が行き交うようになる。

船の移動は「土手の上から長い網で曳く」という方法が用いられていたことから、川の名称が「曳舟川」に変更された。

こうして曳舟という地名が生まれ、かつて曳舟川が駅の構内を流れていたため「曳舟駅」と命名されたのである。

さて、曳舟駅は東武スカイツリーライン沿線のうち、交通の利便性が極めて高い駅の一つである

昭和59年当時の曳舟駅構内の様子。（提供／すみだ郷土文化資料館）

昭和60年当時の曳舟駅西口。（提供／すみだ郷土文化資料館）

近くに東京スカイツリーがそびえ立つ。

昭和61年当時の曳舟駅ホーム。（提供／すみだ郷土文化資料館）

駅ホームを通過する列車「りょうもう」。

古地図で見る曳舟

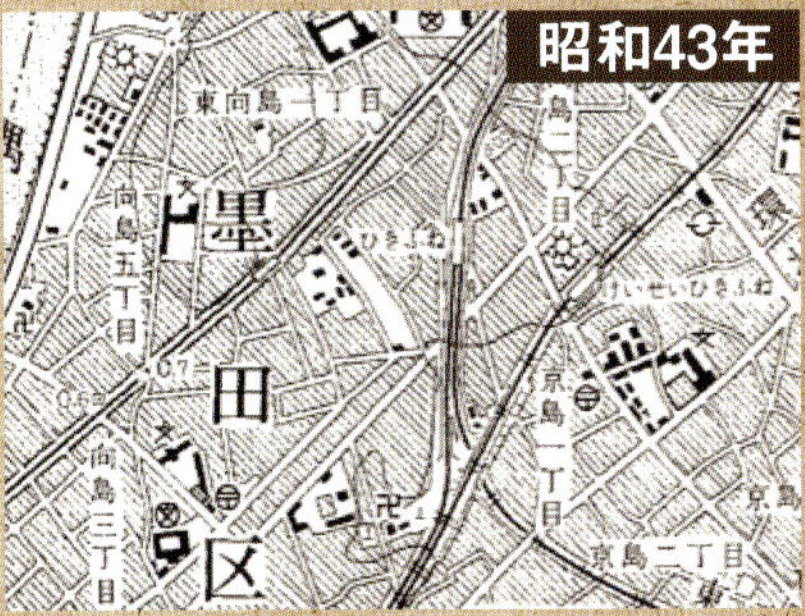

曳舟駅を中心に複数の線路や大きな幹線道路が通っている。当時から交通の便が良く、多くの人々に利用されていたことが想像できる。

曳舟駅年表

明治35（1902）年
曳舟駅が開業。

明治37（1904）年
東武亀戸線が開通。曳舟駅が起点駅となる。

昭和54（1979）年
東武曳舟ビルが東口に竣工（2013年解体）。

平成15（2003）年
亀戸線ホームにて発車メロディが導入される。

平成22（2010）年
伊勢崎線ホームにて発車メロディが導入される。

2017年
駅ビルが竣工予定。

と言っても過言ではない。まず東武鉄道の路線で唯一江東区を走り抜ける東武亀戸線の起点駅でもあることが挙げられる。

また、近くには京成押上線の京成曳舟駅があるため、地図を眺めると曳舟駅を中心に縦横に線路が伸びているのが分かる。各路線の拠点である曳舟駅は、毎日通勤・通学の乗客たちで混雑を極める。

昭和32〜33年に撮影された伊勢崎線曳舟踏切。（提供／すみだ郷土文化資料館）

東武スカイツリーライン雑学クイズ
Q6. 東武伊勢崎線の起点駅は？

昭和32〜33年に撮影された玉ノ井駅の外観。（提供／すみだ郷土文化資料館）

東向島

ひがしむこうじま

改名に改名を重ねる 古き良き、下町情緒漂う駅

現在の東向島（旧玉ノ井）駅。

高架下に東武博物館が隣接されている。

別パターンの駅ホームの看板。

駅データ

- 開業年
  明治35（1902）年4月1日
- 駅所在地
  墨田区東向島4-29-7
- 1日の平均乗者数
  17,726人
- 起点（浅草）からの距離
  3.2km

東向島駅といえば、東武博物館が高架下に隣接する駅として有名だ。平成元（1989）年に開館した東武博物館では、東武鉄道の歴代車両や鉄道ジオラマが展示されており、子供から大人まで楽しむことができる。

また、駅から徒歩6分の場所にある向島百花園は昭和14（1939）年に開館した由緒ある都立庭園で、季節ごとに彩り豊かな花々が咲き誇る。特に早春の萩と梅の花は見物だ。向島百花園は国の名勝及び史跡の指定も受け、毎年多くの客が訪れる。

さて、東向島駅はかつて「白髭駅」という名称で開業した歴史を持つ。6年後の明治41（1908）年に一時閉鎖されるが、関東大震災発生後、復興に伴って街周辺が花街として著しく発展し、駅名を

昭和40年当時の東向島駅（当時は玉ノ井駅）の様子。（提供／すみだ郷土文化資料館）

駅周辺の街並。

駅前に広がる商店街。

古地図で見る東向島

昭和43年

昭和43（1968）年当時、駅名はまだ「玉ノ井」だった。しかし周辺の住所はすべて「東向島」となっており、駅名改称の背景が垣間見える。

東向島駅年表

明治35（1902）年
白鬚駅として開業。

明治41（1908）年
駅が一時閉鎖される。

大正13（1924）年
駅名を「玉ノ井駅」に改称して営業再開。

昭和63（1988）年
「東向島（旧玉ノ井）駅」に改名。

「玉ノ井駅」と改称して営業が再開された。

それから大正、昭和にかけて玉ノ井駅は花街の最寄り駅として栄え続けるが、昭和63（1988）年、再び駅名が変更される。街の住居表示にならうとの理由から、現在の「東向島駅」への改称を余儀なくされたのだった。

深い歴史を持つ「玉ノ井」の名称の消滅を惜しむ声が多く、現在は駅名に括弧で「旧玉ノ井」と表示されている。また、駅ホームの看板には「東向島（旧玉ノ井）」の下に「東武博物館下車駅」と追記されている。

東武スカイツリーライン雑学クイズ
Q7. とうきょうスカイツリー駅の前の駅名は？

鐘ヶ淵《かねがふち》

荒川の開削工事によって生まれた急カーブの線路が魅力的

昭和54年当時の鐘ヶ淵駅付近。（提供／すみだ郷土文化資料館）

鐘ヶ淵駅西口。下り電車専用ホームのため、浅草方面の上りに乗るためには反対の東口改札から入場する必要がある。

駅データ

▶開業年
明治35（1902）年4月1日
▶駅所在地
墨田区墨田5-50-2
▶1日の平均乗者数
12,553人
▶起点（浅草）からの距離
4.2km

牛田駅や堀切駅と同様に、鐘ヶ淵駅もまた荒川と隅田川に挟まれた場所に位置した駅である。

そもそも「鐘ヶ淵」という地名は江戸時代初期に誕生した。元和6（1620）年、寺院移転の目的で、寺の鐘を乗せた船が隅田川を横断していた。すると誤って鐘を川に落としてしまい、二度と引き上げることは叶わなかった。以降この近辺を鐘ヶ淵と呼ぶようになったという逸話が残っている。

鐘ヶ淵駅は地名から命名され、明治35（1902）年に開業している。開通当初は隣駅の堀切駅とはほぼ直線の線路で結ばれていた。しかし、近くを流れる荒川放水路の開削工事によって、路線のコースが大幅に変更されることになり、現在の急カーブが生まれた。

昭和55年当時の東武鐘ヶ淵駅のホームから。（提供／すみだ郷土文化資料館）

昭和59年当時の駅前商店街。（提供／すみだ郷土文化資料館）

ホームに入ってくる東武スカイツリーライン8000系列車。

現在の駅前商店街。

古地図で見る鐘ヶ淵

鐘ヶ淵駅付近に見える２本のカーブは、地図上でも美しい。当時、カネボウの前身「鐘ヶ淵紡績」の工場が鐘ヶ淵駅の付近にあったことはあまり知られていない。

駅の近くにある東武スイミングスクール。鐘ヶ淵駅周辺はスポーツ施設が点在している。

鐘ヶ淵駅年表

明治35（1902）年
鐘ヶ淵駅が開業。

平成15（2003）年
駅構内の配線工事及び改良。

平成24（2012）年
発車メロディを導入。

この急カーブは列車の撮影スポットとして、鉄道ファンの間で定評がある。堀切駅から、急カーブをまるで弧を描くように通ってホームに入ってくる上り電車を撮影しようと、ホームの先頭でカメラを構える人も少なくない。

鐘ヶ淵駅の東口を出て荒川方面に歩を進めると、隅田野球場や荒川四ツ木橋緑地球技場、隅田競技場といったスポーツ施設にたどり着く。反対に西口改札から隅田川の方向に歩いていくと東白鬚公園がある。自然と閑静な住宅に囲まれた環境が鐘ヶ淵駅の特長だ。

東武スカイツリーライン雑学クイズ
Q8. 浅草にある、有名な遊園地は？

堀切

ほりきり

荒川河畔にたたずむ木造駅舎

堀切駅近くに建つ隅田水門。

堀切駅西口。1番線乗り場（下り）につながっている。

東改札口。こちらは2番線ホーム（上り）専用。

駅データ

▶開業年
明治35（1902）年4月1日
▶駅所在地
足立区千住曙町34-1
▶1日の平均乗者数
3,991人
▶起点（浅草）からの距離
5.3km

鐘ヶ淵駅から荒川に沿って北千住方向に進むと、堀切駅に到着する。堀切駅の特徴は、素朴なたたずまいを見せる木造駅舎である。

当駅は、これまで数々の学園ドラマの舞台にもなっている。現在は自動改札機が導入されているが、ドラマの劇中では、駅員が乗客の切符に鋏を入れる昔懐かしい場面が登場する。

さて、堀切駅は上りと下りのホームが線路を挟んでそれぞれ独立している。そのため改札口も二つ存在する（1番線下りが西口、2番線上りが東口）。東口から西口へ移動するためには、荒川沿いに歩き、隅田水門の目の前にある青色の歩道橋を渡らなければならない。

もともと駅の近くに美しい花菖

歩道橋から撮影した堀切駅と走行する列車。

ホームを通過する250系。

歩道橋から望める駅と線路の光景。アーチのようなカーブが美しい。

古地図で見る堀切

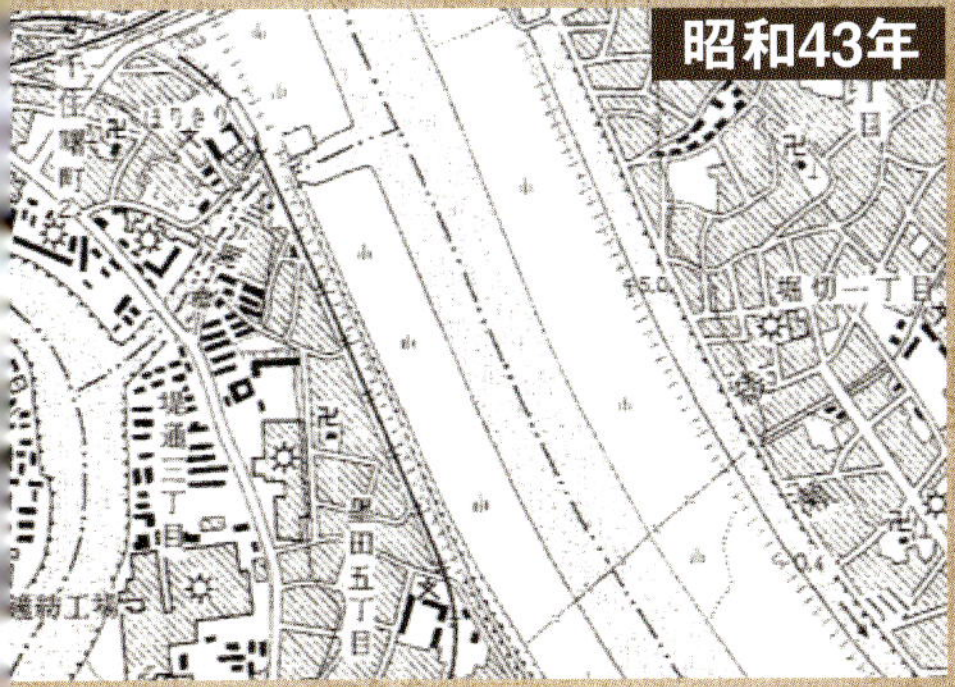

中央を流れる広い河が荒川、西側に見える蛇行した河が隅田川だ。堀切菖蒲園は堀切駅から隅田川の方向に進んだところにある。

堀切駅周辺で撮影した10030系と東京スカイツリー。

堀切駅年表

明治35（1902）年
堀切駅が開業。

大正13（1924）年
鐘ヶ淵－牛田間、北千住－西新井間の線路が移設

蒲が咲き誇る「堀切菖蒲園」があり、花を愛でにやって来る客たちの便を計って作られたのが現在の堀切駅である。

堀切菖蒲園は江戸百景にも描かれている名所としても有名だ。ちなみに、堀切駅は足立区、堀切菖蒲園は葛飾区に位置しているから不思議である。

堀切菖蒲園に加え、荒川の土手や、先に紹介した隅田水門、またドラマのロケ地などを巡りに堀切駅で下車する観光客は、今も後を絶たない。

牛田

うしだ

葛飾北斎の浮世絵に登場 京成関屋駅と向かい合う駅

昭和56年の牛田駅。停車している列車は、宇都宮・日光行きだ。（提供／林智春）

現在の牛田駅。改札は、この1つだけだ。

駅データ

- **開業年**
  昭和7（1932）年9月1日
- **駅所在地**
  足立区千住曙町1-1
- **1日の平均乗者数**
  22,723人
- **起点（浅草）からの距離**
  6.0km
- **乗換**
  京成電鉄線

北千住駅の1つ隣にある牛田駅。駅が開設したのは、昭和7（1932）年9月1日で他駅と比べると比較的新しい。

牛田という地名は、かつて駅の近くにあった農業用水路が、牛田圦（うしだいり）と呼ばれていたことに由来している。現在では、駅名だけがその名残をとどめる。当時の近辺の情景は、有名な葛飾北斎の浮世絵「関屋の里」に描かれている。牛のいるのどかな田園風景が描かれ、現在まで続く地名の由来が推測される。

昭和28（1953）年4月1日まで、当駅と北千住駅の間には「中千住駅」が存在していた。当時は、行き交う貨物列車の姿で活気に満ちていた。しかし、駅が廃止され、随分と時間が経過する。その駅からは、千住貨物駅への貨物線が延びていたが、現在は線路跡を特定

淡いブルーが特徴の関屋歩道橋。

京成電鉄の京成関屋駅。牛田駅との乗り換えが便利である。

改札を降りて右手側にある小さな公園。

立派な高層マンション。公園から見た様子。

改札を出て右手側に進むとある踏切。踏切の向こうには、複数のマンションが建っている。

古地図で見る牛田

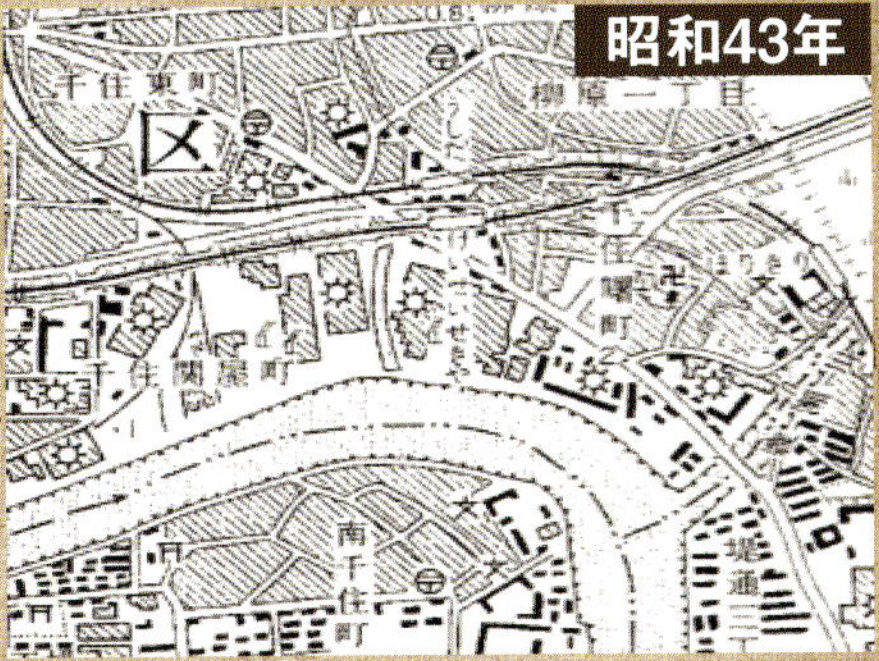

昭和43年当時も今と同様、京成関屋駅と向かい合っているのがわかる。当時は牛田駅の近辺に工場が複数あったようだ。

2番線のホームから撮影した様子。

牛田駅年表

昭和7（1932）年
牛田駅が開業。

昭和28（1953）年
中先住駅が廃止。

することさえも難しいという。

駅舎は下りホームに接する形で建っている。上りと下りのホームを渡る際は、地下の連絡通路か跨線橋を利用する。上下のホームは、少しだけずれた形で設置されているのが特徴的だ。

牛田駅前には墨堤通りが延び、走行する車の数も多い。向かい側には京成電鉄の京成関屋駅がある。当駅との乗り換え駅にもなっているせいか、人の姿も比較的多く見られる。

駅のすぐ隣には、小さな公園がある。公園の背景には、立派なマンションが建てられている。

東武スカイツリーライン雑学クイズ
Q10. 東京スカイツリーは何ｍ？

北千住《きたせんじゅ》

多数の路線が乗り入れる、下町風情が残る駅

地下鉄千代田線の開通により、北千住駅西口広場の雑踏がより一層激しくなった。国鉄と区で広場を拡張し、昭和46年に整備された。（提供／足立区立郷土博物館）

北千住駅の構内の様子。人の数も多い。

駅データ

▶開業年
明治32（1899）年8月27日

▶駅所在地
足立区千住旭町42-1

▶1日の平均乗者数
437,156人

▶起点（浅草）からの距離
7.1km

▶乗換
JR常磐線
東京メトロ千代田線
東京メトロ日比谷線
つくばエクスプレス

明治32（1899）年8月27日に開業した北千住駅は、東武鉄道にとって初の路線の始発駅として誕生した。ちなみに当時の終点は、久喜駅だった。

駅名の由来である「千住」の起源には、いくつか説がある。荒川で千住観音を見つけたという説、室町幕府8代目将軍の足利義政の愛妾であった「千寿の前」の出生地という説などだ。由来が明確にされていないことも、北千住の魅力の1つなのかもしれない。

北千住駅が位置する千住界隈は、江戸時代の頃から交通の要衝だった。「千住宿」と呼ばれ、日光街道を進む旅人たちの宿場町の1つとして発展を遂げた。

明治時代に入ると、宿場町は南組・中組・北組に分割される。これにより、「千住宿北組」から「北

昭和40年の北千住駅の雑踏。同年の6月には、人口が50万人を突破した。（提供／足立区立郷土博物館）

駅ナカにあるルミネは華やかな雰囲気だ。

駅構内には、総菜屋やイートインの飲食店が並んでいる。

東武スカイツリーラインの中央改札口。

北千住駅年表

明治29（1896）年
日本鉄道土浦線（現・常磐線）の駅として開業。

明治32（1899）年
北千住駅が開業。

昭和37（1962）年
営団地下鉄（現・東京メトロ）日比谷線との乗り入れを開始。

昭和44（1969）年
営団地下鉄（現・東京メトロ）千代田線の乗り入れを開始。

平成9（1997）年
駅舎の三階建ての工事が完成。

平成17（2005）年
つくばエクスプレスが開業。

千住」と名が変遷し、駅名として命名されたという。地域名でなくなった現在も、駅名として親しまれていることがうかがえる。

東武伊勢崎線の中枢を担う当駅は、現在多くの路線が乗り入れている。平成17（2005）年につくばエクスプレスが開業し、現在その数は4社5路線だ。なかでも、東京メトロ日比谷線においては、始発駅でもある。北千住駅を発着する列車の本数は、早朝から深夜まで頻発している。

平成8（1996）年までは、1階にある2面4線のホームで、伊勢崎線と日比谷線との乗り換えが行なわれていた。北千住駅を利用する乗客が増加し、ラッシュ時の混雑が問題視された。混雑緩和のため、大工事が行なわれ、平成9（1997）年に完成。巨大ターミナル駅にふさわしい、3階建ての駅舎が誕生した。

同時に、構内や駅周辺の姿も変化した。構内は、ルミネや飲食店が入り、利便性が一段と上がった。

東武スカイツリーライン雑学クイズ
Q11. 東向島駅の前の駅名は？

現在の北千住駅西口。

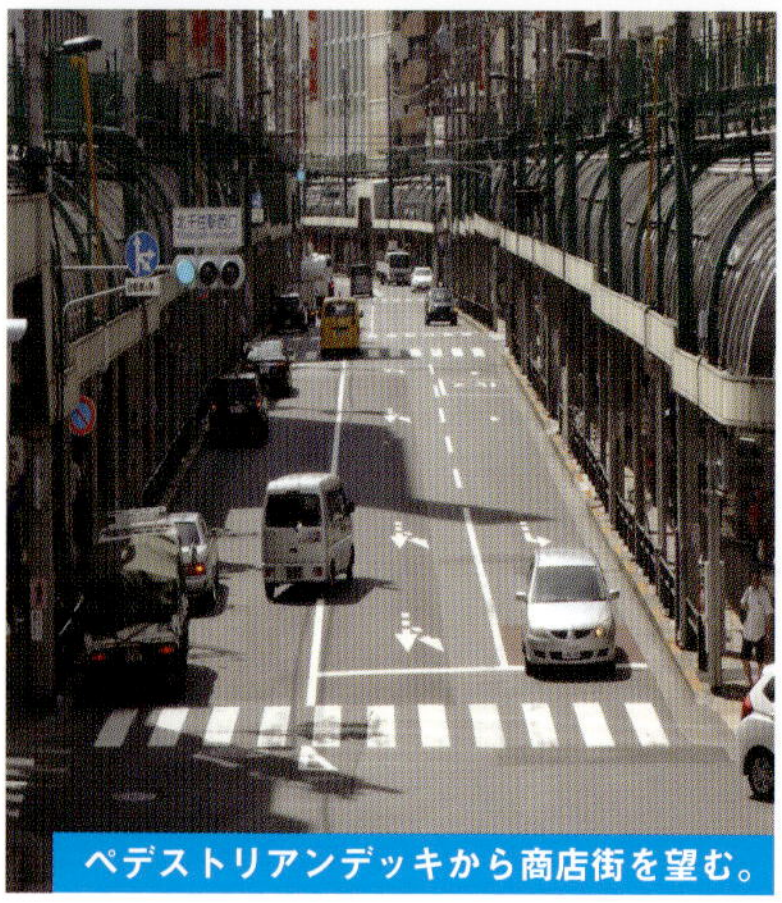
ペデストリアンデッキから商店街を望む。

昭和39年に北千住駅方面から駅前通りを望んだ様子。（提供／足立区立郷土博物館）

西口駅前広場にはペデストリアンデッキが設置され、ファッションビルやオフィスビルが建ち並び、近代的な姿となった。

西口のような華やかな姿とは異なるものの、遅れていた東口の開発も大きく進んだ。駅から徒歩1分の距離には、平成24（2012）年に開校した東京電機大学の千住キャンパスが開校し、広々としたロータリーが美しく整備されている。

北千住駅の多数ある魅力の1つは、昔ながらの商店街の姿が残っていることだ。北千住西口商店街（サンロード商店街）は、日光街道の旧道である。戦後、組合が発足して以来、様々なイベントを開催し、千住の街の活性化のため、多大な貢献をしてきた。古くから続く個人商店が多いからか、人情味と下町の風情を感じさせる。東西共に、活気で満ち溢れている。

浅草
押上
とうきょうスカイツリー
曳舟
東向島
鐘ヶ淵
堀切
牛田
北千住
小菅
五反野
梅島
西新井
竹ノ塚
谷塚
草加
松原団地
新田
蒲生
新越谷
越谷
北越谷
大袋
せんげん台
武里
一ノ割
春日部
北春日部
姫宮
東武動物公園

西口の学園通り。レトロな雰囲気が残るのも、魅力の1つだろう。

北千住駅東口の駅舎。西口とは異なる味のある雰囲気を感じさせる。

東口と西口を結ぶ地下通路。

東口を出てすぐのロータリー。近代的で、利便性も非常に高そうだ。

古地図で見る北千住

昭和43年当時から、駅周辺には学校や寺院、警察署といった施設が充実していたようだ。変わらない風景を残しつつも、近代的に変貌した。

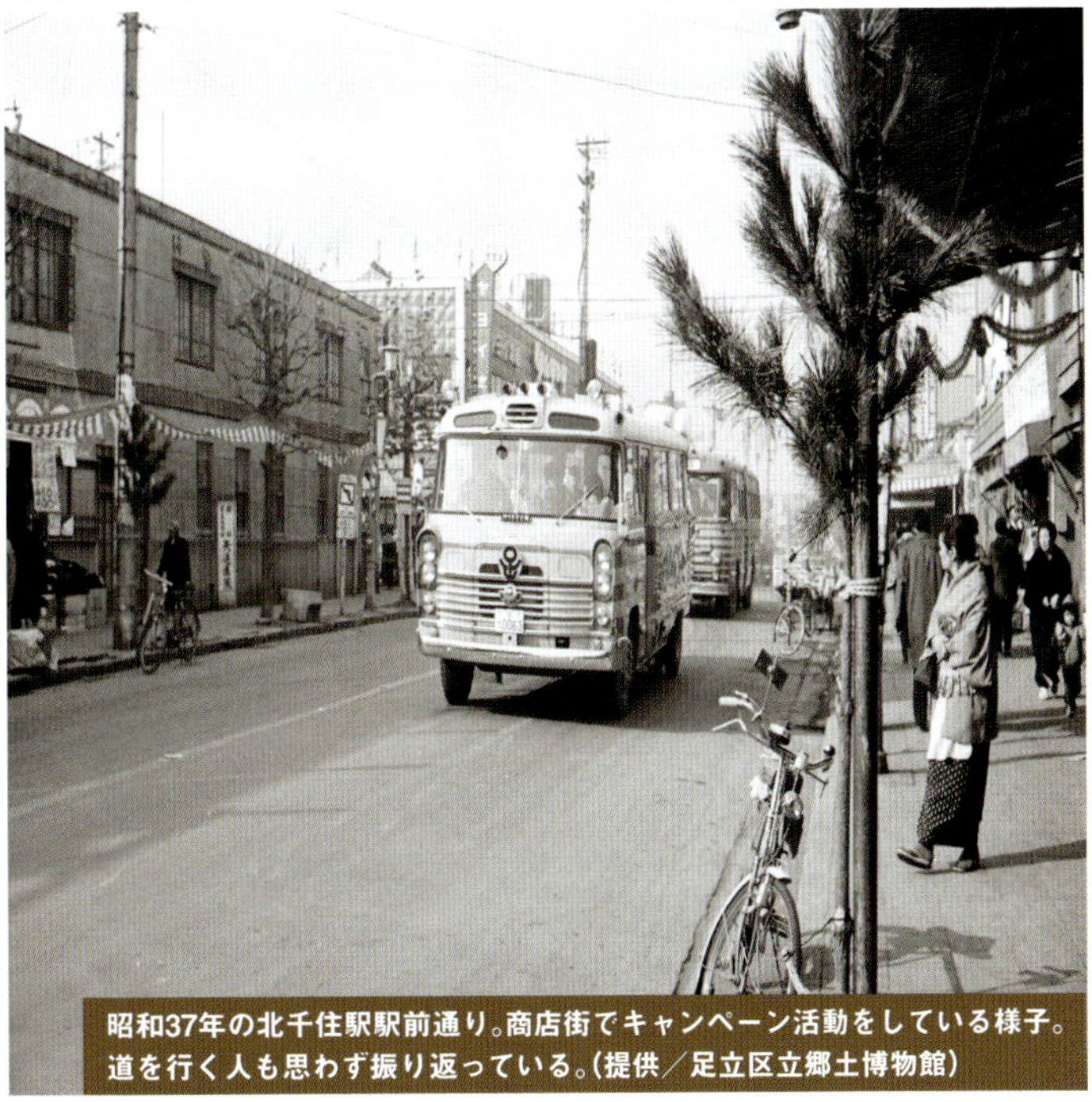

昭和37年の北千住駅駅前通り。商店街でキャンペーン活動をしている様子。道を行く人も思わず振り返っている。（提供／足立区立郷土博物館）

東武スカイツリーライン雑学クイズ

Q12. 東武鉄道お客様センターコミュニケーターとして活躍するキャラクターは？

小菅
こすげ

緑の荒川河川敷が広がる静寂に包まれた駅

昭和36年の小菅駅。駅舎の見た目は現在とは大きく違い、レトロな雰囲気を感じさせる。（提供／花上嘉成）

現在の小菅駅駅舎。改札口は小さく、1つだけだ。

小菅駅構内の様子。人影も比較的少ない。

駅データ
- ▶開業年
  大正13（1924）年10月1日
- ▶駅所在地
  足立区足立2-46-11
- ▶1日の平均乗者数
  5,604人
- ▶起点（浅草）からの距離
  8.2km

大正13（1924）年10月1日に開業した小菅駅。かつて、この付近一帯には菅や葦などの野草が茂っていた。他の土地のものと比較すると、背丈が低かったために「小菅」と呼ばれ、地名の由来として伝えられた。

明治2（1869）年、廃藩置県によって、東京都の一部と埼玉県南部一帯が小菅県の管轄となった。この地に県庁が置かれたが、その後、小菅県は廃止になる。県庁の跡地には、平成18（2006）年に東京拘置所が建てられた。

北千住駅の3階のホームを出発して1分ほどで、小菅駅に到着する。荒川の鉄橋を渡れば、東側に重厚感が漂う東京拘置所の建物を望むことができる。

当駅のホームからは、荒川河川敷の緑の芝が広がり、いくつかの

浅草
押上
とうきょうスカイツリー
曳舟
東向島
鐘ヶ淵
堀切
牛田
北千住
→小菅
五反野
梅島
西新井
竹ノ塚
谷塚
草加
松原団地
新田
蒲生
新越谷
越谷
北越谷
大袋
せんげん台
武里
一ノ割
春日部
北春日部
姫宮

ホームから見た荒川河川敷。東京スカイツリーもうっすらと望むことができる。

ホームの端から見た、荒川放水路橋梁。

ホームのすぐ上に架かっている首都高速道路。近距離で見ると、そのダイナミックさが伝わる。

ホームから見たJR常磐線橋梁。少し緑がかった色が特徴だ。

東京拘置所。重厚な趣を感じさせる。

小菅駅年表

大正13（1924）年
小菅駅が開業。

平成18（2006）年
東京拘置所が完成。

鉄橋を眺めることができる。芝と鉄橋とのコントラストが印象的だ。目線を少し上に向ければ、首都高速道路の中央環状線が横切っている。

小菅駅といえば、東京拘置所の最寄駅として、広く認知されている。駅周辺には、保釈保証金建替の看板や、雑誌や菓子を購入できる差入店もあるという。最近では、「東京拘置所矯正展」といった、イベントの開催も行なっている。

駅自体は決して大きくなく、人の数も少ない。静寂に包まれているような、閑散とした印象だ。

古地図で見る小菅

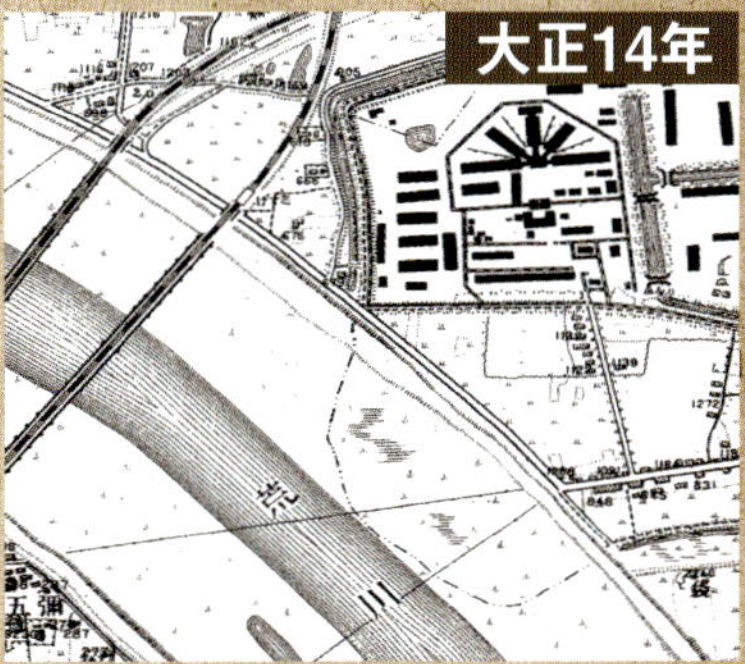

大正14年当時は、小菅駅近辺は水田に囲まれていたようだ。現在の荒川河川敷は、綺麗な緑に囲まれ、いくつかグラウンドもある。

東武スカイツリーライン雑学クイズ

Q13. 姫宮ななの「なな」は、何駅から由来している？

五反野
ごたんの

かつての荒れ地から人気のベッドタウンへと変貌した駅

小菅駅構内の様子。人影も比較的少ない。

五反野駅前の水路改修の様子。道路の拡幅をはかっていたという。撮影日時は、不明。（提供／足立区立郷土博物館）

駅データ
- ▶開業年
  大正13（1924）年10月1日
- ▶駅所在地
  足立区足立3-34-6
- ▶1日の平均乗者数
  34,695人
- ▶起点（浅草）からの距離
  9.3km

五反野駅が開設されたのは、大正13（1924）年10月1日。それからおよそ40年後の昭和43（1968）年に、駅の高架化が完成した。

もともと当駅周辺は、低湿地帯の影響で、年中のように河川が氾濫を起こしており、定住をして農業を営むことは、極めて困難だった。そんな折、河川の改修工事が行なわれ、新田開発が活発化した。豊かな農村地帯として発展を遂げてきたのだ。地名の由来は、江戸時代の頃、綾瀬村・新五郎新田の一部で「五段野」と呼ばれるようになった。これが変化して、駅名に命名された「五反野」と言われるようになったと言われている。一面荒れ地だったであろう当時の面影は、今はもう無い。ターミナル駅である北千住の2

A13. 七里駅と七光台駅の七から由来している

浅草
押上
とうきょうスカイツリー
曳舟
東向島
鐘ヶ淵
堀切
牛田
北千住
小菅
五反野
梅島
西新井
竹ノ塚
谷塚
草加
松原団地
新田
蒲生
新越谷
越谷
北越谷
大袋
せんげん台
武里
一ノ割
春日部
北春日部
姫宮

商店街を背中にして見た、五反野駅。

高架下の様子。人気地のベッドタウンだからか、スーパーマーケットが入り、利便性も高そうだ。

五反野ふれあい商店街。商店が並ぶ。

ホームから望むと、住宅地が広がっている。

駅構内の様子。駅周辺には、幅広い施設が揃っているのが分かる。

五反野駅年表

大正13（1924）年
五反野駅が開業。
昭和43（1968）年3月
駅の高架化が完成。

つ隣に位置する当駅は、都心へ乗り換え無しで移動することができる。時間帯によって、停車するほとんどの列車が日比谷線との直通列車であるからだ。この利便性に起因して、近年では中小企業の工場がいくつも進出してきている。

五反野駅から西新井駅までの線路は、おおかたまっすぐに延びている。このためか、当駅のホームから梅島駅を望むことができる。

駅周辺には住宅やマンションが多く建っている。この地に住む人にとって、都心に直結している利便性は、非常に魅力的に感じられるはずだ。

古地図で見る五反野

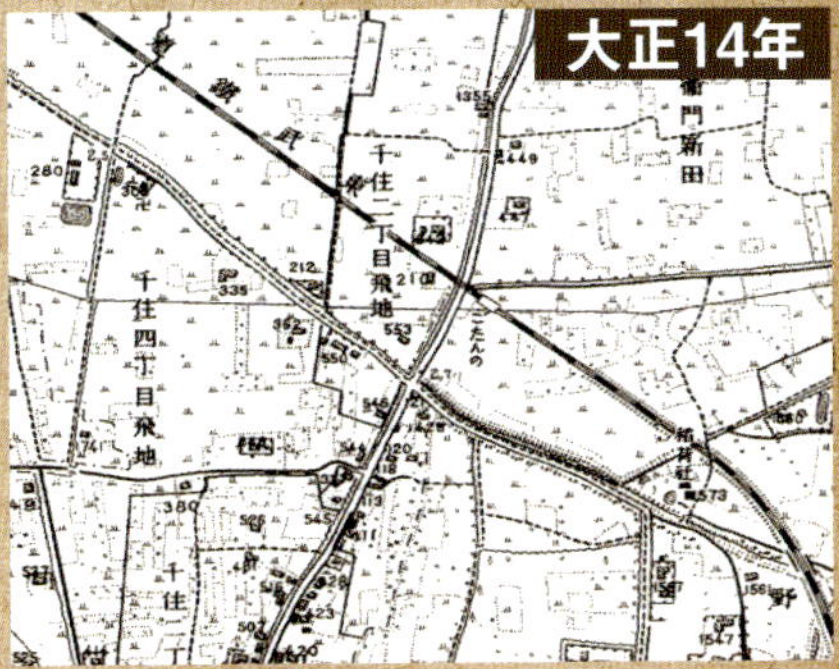

小菅駅と同様、大正14年当時は駅周辺が水田に囲まれていたことがわかる。現在は、区役所や公園など、暮らしに便利な施設が揃っている。

梅島

うめじま

昭和39年8月の梅島駅前。これらの家屋は、千住堀の上をまたいで建てられていたという。（提供／足立区立郷土博物館）

梅島駅駅舎。ピンクのプレートが可愛らしい。

駅データ

- ▶開業年
  大正13（1924）年10月1日
- ▶駅所在地
  足立区梅田7-37-1
- ▶1日の平均乗者数
  31,068人
- ▶起点（浅草）からの距離
  10.5km

1本に伸びるホームが珍しい商店街で栄える駅

梅島駅は、大正13（1924）年10月1日に開設された。駅名の由来を辿ると、地名の起源へと繋がる。かつて、この地には梅林があったという説がある。

昭和初期に町村統合が行なわれた際、現在の駅の南北にあった「梅田村」と「島根村」の頭文字を取り、「梅島村」が誕生した。この村名が、駅名に命名されたと言われている。

梅島駅の一番の特徴は、他の駅とは少し変わったホームの造りだ。北千住駅寄りの上り線と、東武動物公園駅寄りの下り線が繋がった長いホームは、他の駅ではなかなか見ることができない。

駅が高架化された直後、上り線と下り線のホームはそれぞれ独立していた。平成8（1996）年に、ホームの改良工事が行なわれ、

1番線と2番線の間。階段を降りると、改札だ。

梅島駅の特徴である長いホーム。
1番線と2番線が1本に繋がっている。

高架下から見た梅島駅。

駅構内の様子。駅構内には書店がある。

駅はバリアフリー化されている。

梅島駅年表

大正13（1924）年
五反野駅が開業。
平成8（1996）年
ホームの改良工事を実施。

古地図で見る梅島

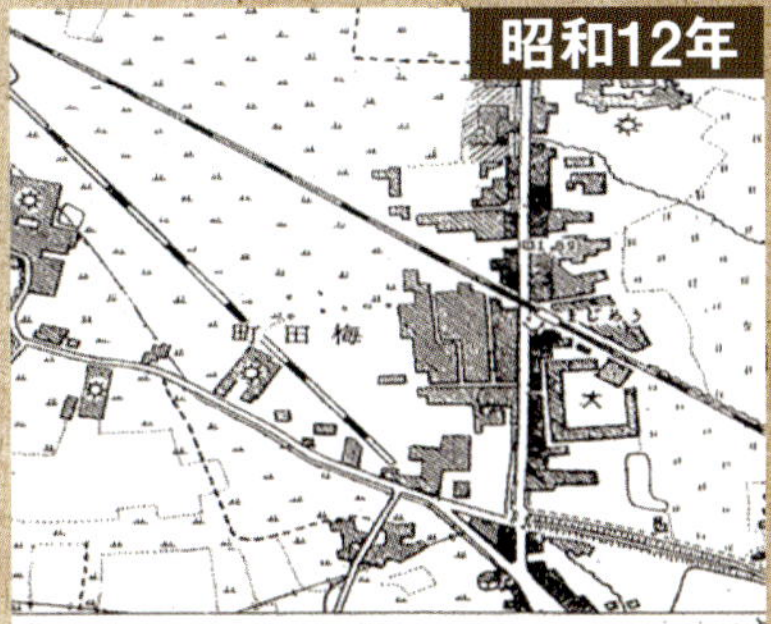

当時の駅近辺は、乾田と水田に囲まれている。現在も、駅のすぐ近くには梅島小学校がある。

同時にエスカレーターとエレベーターが上下線の間に設置された。

梅島駅は五反野駅と同様に、日比谷線直結のため、都心までのアクセスが可能だ。乗り換えも無く、交通の利便性は非常に高い。その影響もあってか、駅周辺は商店街があり、一戸建てやマンションも建ち並ぶ。

駅から徒歩5分の距離に、梅島天満宮という神社がある。昭和41（1966）年に、筑紫太宰府天満宮より分霊遷宮し、その1つとして梅島公園に移転した。梅島町会の鎮守神として、町を見守っているのだろうか。

西新井

にしあらい

弘法大師ゆかりの地で知られる東武大師線の起点駅

昭和48年の西新井駅東口。利用者増加と周辺の開発に伴い、橋上駅舎化され、新たに東口が設置された。（提供／足立区立郷土博物館）

西新井駅東口。目の前にはショッピングモールが構える。

駅データ

▶開業年
明治32（1899）年8月27日

▶駅所在地
足立区西新井栄町2-1-1

▶1日の平均乗者数
63,669人

▶起点（浅草）からの距離
11.3km

▶乗換
東武大師線

弘法大師のゆかりの地として知られているのが、西新井駅である。「西新井」という地名の由来は、弘法大師・空海と関係がある。全国を行脚していた弘法大師が、総持寺（西新井大師）にて祈祷をしていた際、本堂の西側から清水が湧き出し、井戸となったという逸話がある。駅名も、村名の「西新井」から由来していると言われている。

西新井駅は東武大師線の分岐駅でもあり、起点駅でもある。さらに当駅は、昭和47（1972）年8月15日に東武鉄道で初めて自動改札機が導入された歴史を持つ。

大師線の駅数は、西新井駅と大師前駅の2駅だけだ。昭和6（1931）年12月20日に開業した大師線とともに、大師前駅も開設した。当時は、伊勢崎線と東上

西新井駅西口。東口とは異なる印象を受ける。

西口のロータリー。車も人も数が多い。

大師線の改札口。

東口駅前にある、ショッピングモール。駅前に構えているのは珍しい。

東口駅前の小さなロータリー。西口よりも落ち着く印象だ。

西新井駅年表

明治32（1899）年
西新井駅が開業。

昭和47（1972）年
東武鉄道で初めて西新井駅に自動改札機が導入される。

線を結ぶ連絡線として計画が進められていた。

しかし、事が順調に運ばないうちに、第二次世界大戦が始まった。戦時中の東京への大空襲により、連絡線の計画は中止を余儀なくされた。戦後、先行開業区間の1kmのみが残り、現在も走り続けている。

当駅の東口を降りると、駅前には大型ショッピングモールがそびえ立つ。

反対の西口は、バスやタクシーがロータリーを行き交っていた。人の数も多く、活気に満ちている。

古地図で見る西新井

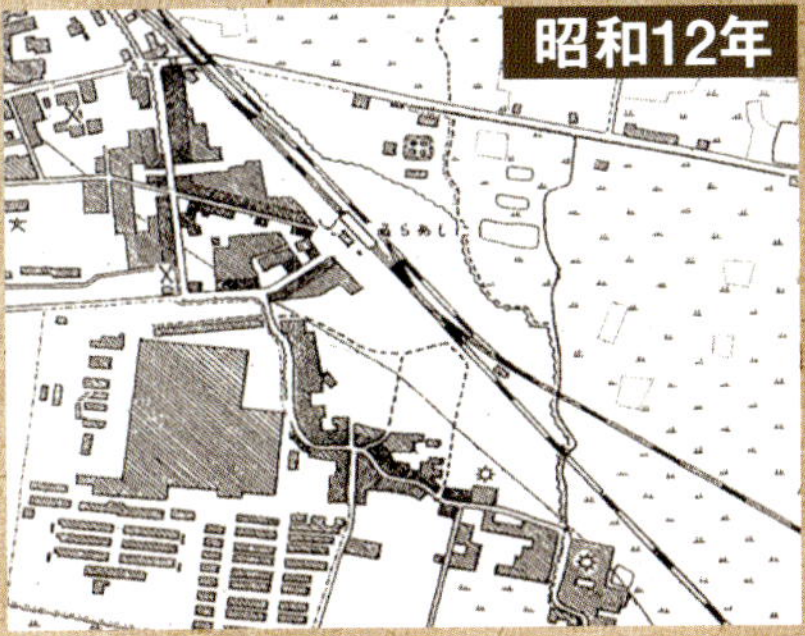

古地図にある小学校や中学校は、今も変わらず存在するようだ。水田だった場所にはショッピングモールができ、近代的に変わった。

東武スカイツリーライン雑学クイズ
Q16. 草加駅にある像は、誰の像？

竹ノ塚

たけのつか

「連続立体交差」を目指し住みよい街へと期待が高まる駅

昭和38年の竹ノ塚駅。利用者の増加とともに、線路の両側から利用可能な、橋上駅舎に改良された。（提供／足立区立郷土博物館）

竹ノ塚駅東口。立派な駅舎で、大きなロータリーが広がる。

駅データ
- ▶開業年　明治33(1900)年3月21日
- ▶駅所在地　足立区竹の塚6-6-1
- ▶1日の平均乗者数　71,275人
- ▶起点(浅草)からの距離　13.4km

竹ノ塚駅は、明治33（1900）年3月21日に開業した。駅名の由来は隣村の名からきている。駅が開設された場所は、「伊興村」と呼ばれる村だった。しかし、声に出して呼んだ時に響きが良いという理由で、隣の村の「竹の塚」が駅名に選ばれたのだ。

この地の周辺には昔、白旗塚・甲塚・擂塚・聖塚などのいくつもの塚があちこちに散らばっていた。それらの塚が、年月とともに荒れ果て、熊笹や竹藪がはびこったことから、「竹の塚」と呼ばれ、後に地名になったという説がある。塚や古墳が確認されたということは、この土地では大昔から、人々が生活していたと推測できる。

竹ノ塚駅は、1時間のうち最大で58分間も遮断される「開かずの

浅草
押上
とうきょうスカイツリー
曳舟
東向島
鐘ヶ淵
堀切
牛田
北千住
小菅
五反野
梅島
西新井
竹ノ塚
谷塚
草加
松原団地
新田
蒲生
新越谷
越谷
北越谷
大袋
せんげん台
武里
一ノ割
春日部
北春日部
姫宮

昭和46年の東武線竹ノ塚駅東口付近。竹の塚地区は、新しい都市づくりのモデルとなった。（提供／足立区立郷土博物館）

竹ノ塚駅の踏切。係員が配置されている。

東口駅前のロータリー。広々とした印象で、利便性が高そうだ。

西口はまだまだ整備中という印象だ。

踏切近くにある高層マンション。

古地図で見る竹ノ塚

昭和12年当時は、駅周辺は一面水田だったようだ。現在は、医療機関や教育機関など暮らしに重要な施設が建てられている。

西口側の工事の様子。

竹ノ塚駅年表

明治33（1900）年
竹ノ塚駅が開業。
昭和37（1962）年
営団地下鉄（現・東京メトロ）日比谷線と相互直通運転開始。
平成24（2012）年
高架化工事に着手。

踏切」の撤去へと動き出している。駅付近の連続立体交差の工事を進めているためだ。高架化の予定は、2020年度を目指している。

東口にある駅ビルは、昭和43（1968）年にオープンした。平成24（2012）年11月4日に着手した高架化工事に合わせて、駅ビルも耐震補強工事を行なうという。現在は、駅ビルのテナントは全て撤退しており、乗降客の通路として使用されている状況だ。

東口とは、雰囲気が異なる西口。工事真っ只中という印象で、工事の係員が、人や車を誘導している姿も見られる。

谷塚

やつか

埼玉県内で標高が最も低い土地に位置する駅

昭和初期の谷塚の浅間神社付近。（提供／中島清治）

谷塚駅西口。段差の無い駅舎が特徴だ。

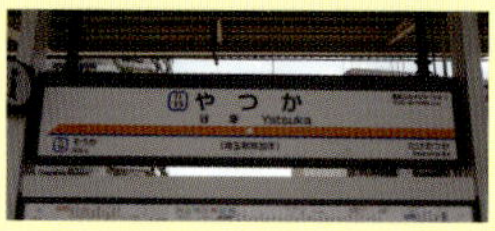

駅データ

▶開業年
大正14（1925）年10月1日
▶駅所在地
草加市谷塚1-1-22
▶1日の平均乗者数
36,502人
▶起点（浅草）からの距離
15.9km

大正14（1925）年10月1日に開設した谷塚駅は、埼玉県に位置している。起点の浅草駅から下り電車に乗り込み、「谷塚」に到着すれば、東京都から埼玉県にわたったことになる。

谷塚駅の特徴は、標高が極めて低いことだ。海抜は3.45mで、埼玉県全域の中で最も低い場所に位置する。

谷塚駅の名前は、かつてあった村の名前から由来している。「谷」は、「やつ」や「やち」と言われ、低い土地という意味を指す。「塚」は、近辺に塚が多数あったことを表す。これにより、村の名前が「谷塚」になったという。

もともと谷塚という村は、低湿地帯が広がっており、駅周辺は桑畑だった。当時の桑畑からは到底想像ができないほど、駅周辺の情

谷塚駅東口の様子。整備された大きなロータリーが、交通の利便性を感じさせる。

東口駅前に建つ高層マンション。

谷塚駅西口前の様子。東口のように整備はされていないものの、住宅街が目立ち、東口と同様、人の行き交う数は比較的多い。

高架下の駐輪場は、自転車で一杯だ。

谷塚駅年表

大正14（1925）年
谷塚駅が開業。

昭和63（1988）年
高架化工事が完了。

景は変貌した。道路が整備され、商店が建ち並ぶ。さらに、駅の付近には高層マンションがそびえ立っている。電車からホームに降りれば、その高さに驚くだろう。

東口駅前は、ロータリーを囲むように高層マンションや商店が建ち並んでいる。バスやタクシーが発着し、人々の行き交う姿も多く見られる。

一方で、西口は整備されていない。東口のような華やかさは無いものの、住宅や小さな商店が密集し、穏やかな印象だ。

東西の雰囲気が正反対であるのも、魅力の1つと言えるだろう。

古地図で見る谷塚

古地図を見ると、善福寺は谷塚幼稚園となったようだ。昭和12年当時に比べると、現在の駅近辺は医療機関や教育機関が充実している。

東武スカイツリーライン雑学クイズ
Q18. 東武鉄道の全線の駅数は？

草加
そうか

江戸時代から宿場として栄えた街

現在の草加駅東口。大きなドーム型の屋根が特徴的だ。

昭和30年の草加～松原団地間の踏切。（提供／東武博物館）

駅データ
- ▶開業年
 明治32（1899）年8月27日
- ▶駅所在地
 草加市高砂2-5-25
- ▶1日の平均乗者数
 82,844人
- ▶起点（浅草）からの距離
 17.5km

現在の草加は、巨大な駅と化した。駅内に商業施設「草加VARIE」を擁し、駅前には丸井とイトーヨーカドーを中心とするビル群「アコス」もある。駅前で行なわれる日本最大級のハープフェスティバルや、夏のサンバフェスティバルも有名である。駅前だけでも都市としての威厳を見せつける街だ。しかし、草加は昔から現在のような都会的な街だったわけではない。

昔の草加は池と沼ばかりで、人馬の通行も困難なほど道悪だった。越ヶ谷方面へ向かうにも、大きく迂回しなければならなかった。しかし江戸幕府が日光街道を整備すると、草加の街は大きな成長を遂げた。江戸を旅立ったあとの2番目の宿場「草加宿」が設けられ、繁盛したのだ。

浅草
押上
とうきょうスカイツリー
曳舟
東向島
鐘ヶ淵
堀切
牛田
北千住
小菅
五反野
梅島
西新井
竹ノ塚
谷塚
草加
松原団地
新田
蒲生
新越谷
越谷
北越谷
大袋
せんげん台
武里
一ノ割
春日部
北春日部
姫宮

東口の休憩スペースにある「おせんさん」の像。彼女が江戸時代、草加宿の茶屋で草加せんべいを生み出したと言われている。

東口駅前の様子。丸井やイトーヨーカドーなどの商業施設が充実している。

草加駅西口。東口と比べると、幾分質素な印象を受ける。

駅構内は商業施設に直結しており、買い物客で賑わっている。

夏に開催されるサンバフェスティバルは有名で、駅構内にもポスターが貼られている。

草加駅年表

明治32（1899）年
草加駅が開業。

昭和63（1988）年
竹ノ塚駅から草加駅までの複々線化工事が完了。

平成9（1997）年
草加駅から越谷駅までの複々線化工事が完了。

古地図で見る草加

昭和12年

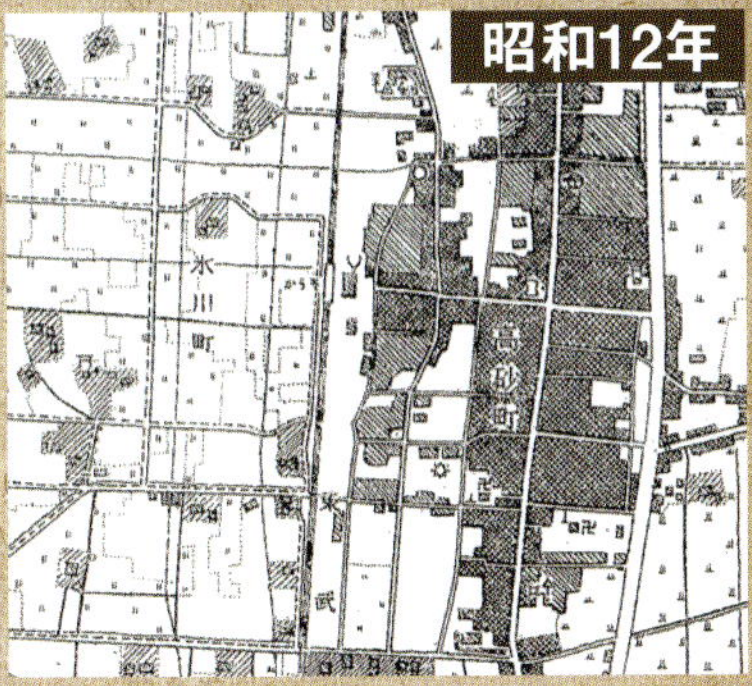

この時代、駅の東側には田畑が広がっている。沼地が多く、通行に困難だった駅周辺も現在ではすっかり変貌を遂げた。

「草加」を語る上で、最も広く知られているもののひとつが「草加せんべい」だ。歴史は深く、始まりは江戸時代までさかのぼる。

一説によると、以下のような話がある。既述の「草加宿」で、茶屋を営んでいた老婆がいた。彼女は売れ残りの商品を見て、日持ちのしない団子を捨てるのはもったいないと考えていた。そこで、客のアドバイスを受けて作ったものが元祖草加せんべいである。団子を薄く伸ばして焼いた煎餅を売り出したところ、評判は瞬く間に広まったという。

現在の松原団地駅西口。目の前には草加市立中央図書館がそびえる。

駅構内は広々としていて、ホームを降りてから改札までは少し距離がある。

松原団地

まつばらだんち

マンモス団地の開業とともに生まれた駅

駅データ

▶**開業年**
昭和37（1962）年12月1日

▶**駅所在地**
草加市松原1-1-1

▶**1日の平均乗車者数**
55,458人

▶**起点（浅草）からの距離**
19.2km

駅名にもある通り、松原団地駅の付近には大きな団地がある。埼玉一の規模を誇るこの団地は「マンモス団地」と呼ばれ、戸数は6000にも及ぶ。

もともとここは「丁帳耕地」と呼ばれる広大な水田地帯であった。団地が完成した当初は、東洋一の規模と話題になった。

松原団地西口公園には、平和母子像や松原のヒストリーパネル、噴水広場などが設置されている。あまりに美しいこの団地の景色は、平成13（2001）年度「彩の国さいたま景観賞」を受賞した。

松原の一番の見物といえるのが草加松原だ。駅から歩くこと5分、綾瀬川沿いには美しい松が数多く植えられている。この1.5kmにも及ぶ松の遊歩道が草加松原である。江戸時代から「千本松原」

浅草
押上
とうきょうスカイツリー
曳舟
東向島
鐘ヶ淵
堀切
牛田
北千住
小菅
五反野
梅島
西新井
竹ノ塚
谷塚
草加
松原団地
新田
蒲生
新越谷
越谷
北越谷
大袋
せんげん台
武里
一ノ割
春日部
北春日部
姫宮
東武動物公園

名勝・草加松原。駅東口から徒歩5分ほどの位置にある。

綾瀬側に架かる百代橋。趣のあるレンガ調の床が印象的だ。

松原団地駅東口。西口とは違い、のどかな印象を受ける。

古地図で見る松原団地

昭和54年

西側に工場が建っているが、現在でもその姿を残している。昭和37年に団地の入居が始まり、駅周辺には膨大な数の建物が密集している。

日本の道百選に選ばれた草加松原の碑。

松原団地駅年表

昭和37（1962）年
松原団地駅が開業。

昭和63（1988）年
駅の高架化が完了。

平成25（2013）年
駅内に商業施設EQUIAが開業。

として知られる並木道は、松尾芭蕉の「奥の細道」にも登場する風景だ。歩道には趣のある百代橋や矢立橋が設置され、昔ながらの雰囲気を感じさせる。

由緒正しい風景が似合うように、松原団地は文化的な街でもある。西口に出れば目の前には巨大な草加市立図書館がそびえる。ここにはわざわざ電車に乗って足を運ぶ人も多いという。

また、西口から少し歩くと、外国語教育を主とする獨協大学がある。そのため、通学のために松原団地駅を利用する客も多い。まさに学生の街と言えるだろう。

東武スカイツリーライン雑学クイズ

Q20. 浅草駅で有名な雷門、何年に創建された？

新田

しんでん

まちなみ景観賞を受賞した、親しみ溢れる駅

昭和30年頃の新田駅駅舎全景。（提供／中島清治）

現在の新田駅東口。まちなみ景観賞を受賞した美しい駅舎だ。

駅データ

▶開業年
明治32（1899）年12月20日
▶駅所在地
草加市金明町道下263-2
▶1日の平均乗者数
31,160人
▶起点（浅草）からの距離
20.5km

新田駅は、草加駅から2駅、越谷駅から3駅の場所にある。周辺に比較的賑やかな駅が多い中で、この駅は少し寂しい印象を受ける。それでも、駅の利用客は昭和40（1965）年頃から徐々に増加の一途を辿っている。

新田駅の誕生を語るには、江戸時代までさかのぼる必要がある。開墾によってできた新田の数は武蔵国（現在の埼玉県）全体で400にものぼった。当時、「新田」と命名された駅も120あったが、次第に合併が繰り返されることになる。結果、現在ではこの「新田駅」のみとなったのである。

先に述べた通り、駅の規模は小さい。改札を出ると出口は東と西にひとつずつ。商店は少なく、改札内に何店かある程度だ。

東口にはロータリーがあり、タ

新田駅西口。東口に比べると質素な印象だ。

新田駅東口駅前。ロータリーではタクシーが客を待っている。

西口への出口。少しわかりづらい場所にある。

新田駅改札の様子。明るく日が差し込み、開放感がある。

西口を出ると目の前に駐輪場がひしめいている。

古地図で見る新田

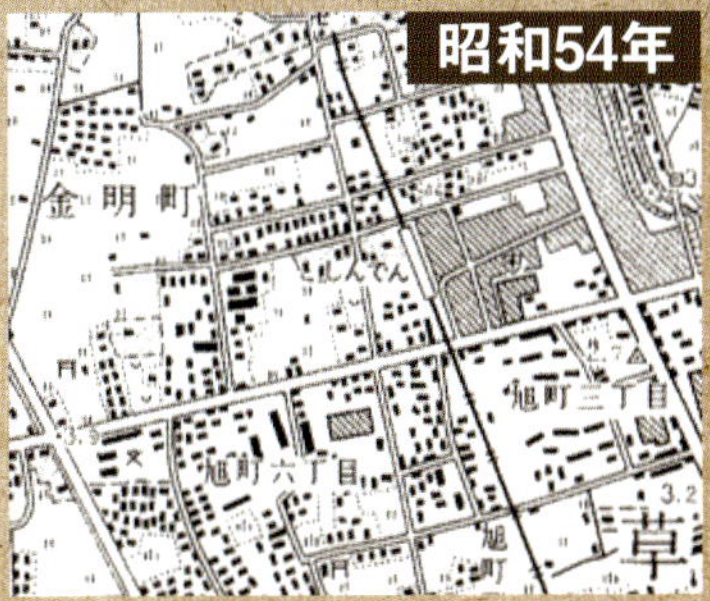

周辺には住宅が多い。隣に松原団地駅があるため、新田駅の南側にも団地が密集している。そのため、駅の利用客も年々増加している。

新田駅年表

明治32（1899）年
新田駅が開業。

明治41（1908）年
新田駅が廃止。

大正14（1925）年
新田駅が再開業。

昭和60（1985）年
松原団地駅から新田駅北側の綾瀬側までの上り線が高架化。

昭和63（1988）年
伊勢崎線の鉄道高架化が完了。

平成5（1993）年
駅舎がまちなみ景観賞を受賞。

クシーが客待ちをしている。以前はバス停もあったが、現在は少し離れた場所に移されている。

東口にある地元の大きな公園といえば「そうか公園」だ。規模は東京ドーム約36個分。広大な敷地の自然豊かな園である。キャンプ場や遊具設備があり、大人も子どもも楽しめるのが魅力だ。公園は駅から少し離れているが、東口からバスで訪れることができる。

改札を出て右に進み、改札内の方に戻ると西口に出る。少々わかりづらい造りだ。初めて新田駅を訪れる人は、駅前にずらりと並ぶ駐輪場にも驚くことだろう。

昭和35年頃の越谷蒲生駅。（提供／中島清治）

蒲生《がもう》

のどかな風景を残しつつ、静かに発展し続ける街

現在の蒲生駅東口。青いカラーの入口が特徴的だ。

駅データ

▶開業年
明治32（1899）年12月20日
▶駅所在地
越谷市蒲生寿町16-17
▶1日の平均乗者数
17,027人
▶起点（浅草）からの距離
21.9km

越谷市には東武スカイツリーライン沿線の駅が5つある。その中で最も素朴な駅が、蒲生駅と言えよう。駅ホームは1つで、両脇に上りと下りの電車が停車する。新越谷駅は直結の商業施設を擁するが、その隣にあるとは思えないほど、小さな駅だ。

蒲生駅は昔から現在の場所に位置していたわけではない。旧駅舎はポプラ並木が立ち並び、美しい田園の近くにあったという。

ちなみに「蒲生」の地名は、「蒲」が「生」えることに由来する。はるか昔から、自然豊かな土地であったことが理解できる。

その蒲生駅も時を経て、別の場所に移設された。現在は駅前も発展し、駅の内外を問わず商店が増えた。小さな駅ながらも、大きな発展を遂げたのである。

蒲生駅西口。となりの「餃子の満州」は地元民に人気だ。

改札の様子。広々として開放感たっぷりの印象を受ける。

蒲生駅東口。バスのロータリーが整備されている。

東口と西口が突抜になっており、構内には商店が並ぶ。

古地図で見る蒲生

昭和54年

駅周辺には建物が密集しているが、現在でもその様子はさほど変わらない。しかし駅前のロータリーが整備され、外観は美しく変化した。

蒲生駅年表

明治32（1899）年
蒲生駅が開業。

明治41（1908）年
駅を現在地（南に1.2km）に移転。

平成7（1995）年
ホームの高架化が完了。

平成10（1998）年
現在の新駅舎が完成。

改札口を出て外に出ると、東口、西口ともに駅前には大きなロータリーが広がっている。振り返ると、爽やかなブルーで彩られた駅舎を拝むことができる。東口は富士山のような青と白の三角形のデザインが印象的だ。西口も青い三角が3つ連なったデザインで、見る者の心を癒すだろう。

駅から少し歩くと、蒲生駅前商店会にたどり着く。蒲生駅周辺には他にも蒲生南銀座商店会や蒲生アサヒ通り商店会など、多くの商店街が存在する。ひとつひとつの商店街に、さまざまな店が立ち並び、活気に溢れている。

新越谷

しんこしがや

伊勢崎線内で2番目に新しい、JR南越谷駅との接続駅

昭和49年、開業当初の新越谷駅。（提供／花上嘉成）

現在の新越谷駅東口。駅ビルの入った大きな駅舎だ。

駅データ

▶開業年
昭和49（1974）年7月23日

▶駅所在地
越谷市南越谷1-11-4

▶1日の平均乗者数
143,125人

▶起点（浅草）からの距離
22.9km

▶乗換
JR武蔵野線

新越谷駅は駅名にもある通り、比較的新しく誕生した。駅の開業は昭和49（1974）年。明治32（1899）年に北千住〜久喜駅間が開業したが、このように歴史の深い東武線内では非常に珍しい。越谷市内では最新、東武伊勢崎線内でも押上駅に次いで2番目に新しい駅である。

当駅はJR武蔵野線の南越谷駅とも隣接している。もともとは東武伊勢崎線をJR武蔵野線がまたぐ形で線路が設けられていた。しかし平成7（1995）年、都市計画に基づいて新越谷駅が高架化された。すでに高架だったJR武蔵野線をさらにまたぐ形となったため、駅ホームはビル5階分の高さとなった。

新越谷駅東口を出れば、目の前には南越谷駅があるため、乗り換

駅ビル「VARIE」は駅直結。女性ファッションを中心とした店が並ぶ。

東口駅前の様子。多くの商業ビルが建ち並ぶ。

JR南越谷駅は新越谷駅の目と鼻の先。常に乗り換え客でごったがえしている。

西口は少し控えめな雰囲気だ。

古地図で見る新越谷

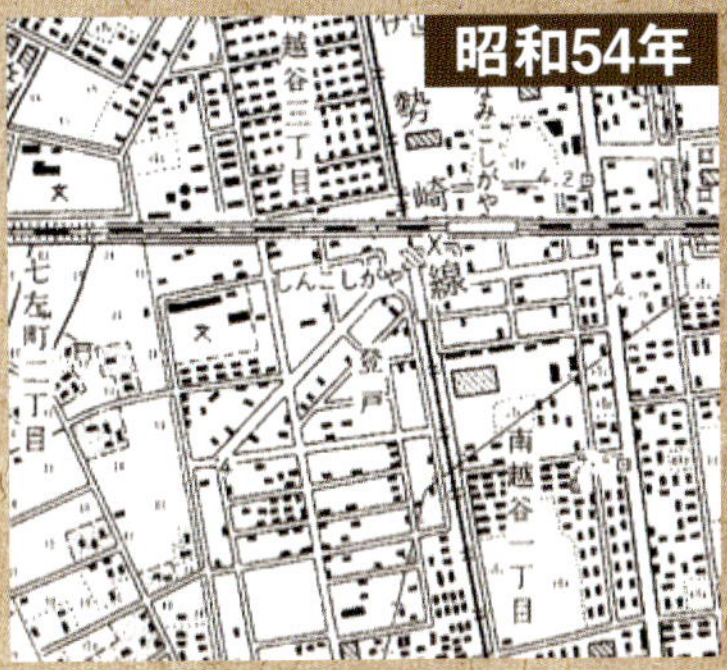

この頃は、JR南越谷駅の線路が新越谷駅の線路をまたいでいる。平成7年の都市計画により、現在では南越谷駅の線路の上につくられている。

新越谷駅年表

昭和49（1974）年
新越谷駅が開業。

平成7（1995）年
都市計画に基づき、新越谷駅が高架化。ホームはビル5階の高さに。

平成9（1997）年
新越谷駅に準急が停車するようになる。

平成10（1998）年
新駅舎が完成し、駅ビル「VARIE」が完成。

えに大変便利である。

既述の通り、南越谷駅と隣接する乗り換え駅となっているため、駅の利用客も多い。そのため東武鉄道は、準急と急行を新越谷駅に停車させている。

駅構内も発展しており、平成10（1998）年に5階建ての商業施設「VARIE」が開業した。様々な店舗が入っており、店内は連日買い物客で溢れている。

また、活気のある駅前では、毎年夏に阿波踊りが行なわれる。越谷の阿波踊りといえば有名で、徳島、高円寺に並ぶ日本三大阿波踊りのひとつに数えられている。

東武スカイツリーライン雑学クイズ
Q23. 素朴な木造駅舎が特徴の堀切駅の前に流れる川は？

昭和30年頃の越谷駅の風景。（提供／中島清治）

越谷《こしがや》

改称を経て、越谷市の中心となった駅

現在の越谷駅東口。

駅データ

- ▶開業年
  大正9（1920）年4月17日
- ▶駅所在地
  越谷市弥生町4-11
- ▶1日の平均乗者数
  48,128人
- ▶起点（浅草）からの距離
  24.4km

越谷市は、埼玉県の東側に位置する地域だ。大都市であるさいたま市、川口市などと隣接しており、越谷市自体の人口も県内第5位である。

「越」はもともと「腰」とも書き、山や丘の麓のことを指していた。さらに「谷」は文字通り、湿地などの低い土地のこと。つまり「武蔵野台地のふもとの土地」というのが、名前の由来となっているのだ。昔から自然豊かな土地は、現在でも変わっていない。

実はもともとの「越谷駅」は、現在とは異なる場所にあった。ところが、「町や町産業の発展のためにも、越谷駅は越谷市の中央にあったほうがいい」という町民の意見を受け、現在の「越谷駅」がつくられることとなった。同時に、「元祖」越谷駅は「北越谷駅」に

東口駅前にあるツインシティ。目の前のバス停も整備されている。

越谷駅年表

大正9（1920）年 越ヶ谷駅が開業。
昭和31（1956）年 越谷駅に改称。
平成元（1989）年 西口が開設される。

駅構内には出店も出ている。

構内は広々としており、人の足が多い。

古地図で見る越谷

昭和54年

以前の駅名は「越ヶ谷」だったが、この頃は付近の地名もそのままだ。現在では駅名も地名も「越谷」に改称されている。

名称を変えたのである。

現在、越谷駅は市の中心駅と呼ぶにふさわしい発展を遂げた。駅前はロータリーがしっかり整備され、美しい景観を楽しめる。

さらに東口駅前は再開発が進み、平成24（2012）年に「越谷ツインシティ」がオープン。名前の通り、2つに分かれた商業施設は、どちらの建物にも多くの店が軒を連ねる。

駅前は発展したが、越谷の風景は今も昔も変わらない。駅から数分の所にある土手では、毎年夏に花火大会が開催されている。

東武スカイツリーライン雑学クイズ
Q24. 熱血教師の学園ドラマで有名になった駅といえば？

北越谷

きたこしがや

現在の北越谷駅東口。

昭和32年「武州大沢駅」を「北越谷駅」に改称した際の様子。(提供／中島清治)

駅データ

▶開業年
明治32(1899)年8月27日
▶駅所在地
越谷市大沢3-4-23
▶1日の平均乗者数
52,745人
▶起点(浅草)からの距離
26.0km

名称を2回変えた、「元祖」越谷駅

越谷市には東武線内だけでも「越谷」と名のつく駅が3つある。なかでも「北越谷駅」は、何度か名称が改変された珍しい駅である。

開業は明治32(1899)年、「越谷駅」としての始まりだった。その後、南方に新たな「越谷駅」が開設される。それにともない、名称を付近の地名から「武州大沢駅」とした。その後昭和31(1956)年に「北越谷駅」に改称された。

ちなみに、既述の「武州大沢駅」の「大沢」とは沼沢地のことを表す。ここにはかつて数万羽の渡り鳥が飛来し、天皇の御狩場があった。現在も北越谷には宮内庁が管轄する埼玉鴨場がある。越冬時に多数の鴨が降り立つが、その際に空が鴨で埋め尽くされるという。この鴨場は現在も天皇陛下の思し

改札口の様子。文教大学の最寄り駅ということもあり、学生の姿が目立つ。

広々とした駅構内の様子。昼間は人の数もまばらだ。

埼玉スタジアムが近いため、近日の試合日程が駅で告知されている。

東口駅前の様子。歩道とロータリーが整備されている。

古地図で見る北越谷

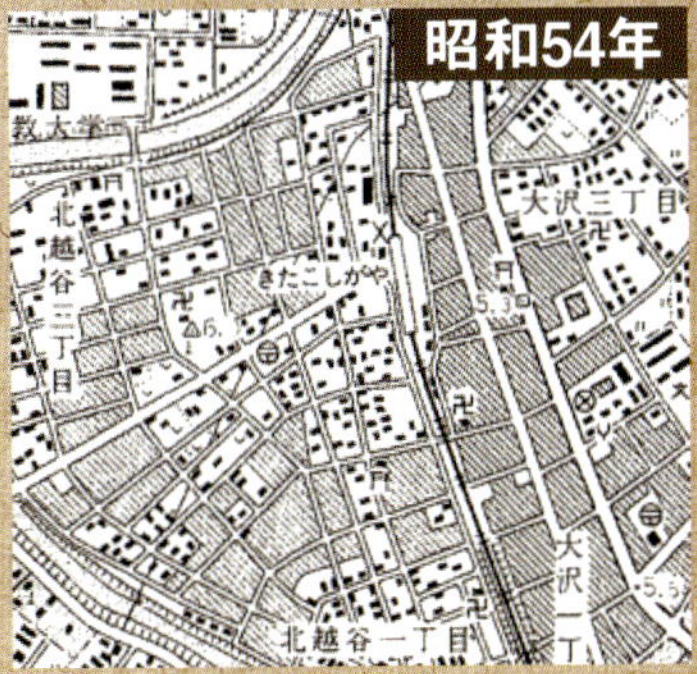

現在とさほど様子は変わらない。駅の周りには住宅やビルなどの建物が密集している。

北越谷駅年表

明治32（1899）年 越ヶ谷駅が開業。

大正8（1919）年 武州大沢駅に改称。

昭和31（1956）年 北越谷駅に改称。

昭和37（1962）年 日比谷線と東武伊勢崎線北越谷駅館で相互直通運転を開始。

召しで賓客の接待の場として使用される。

歴史の深い北越谷だが、有名な神社も数多く存在する。安産祈願や厄よけの香取神社や、久伊豆神社などだ。久伊豆神社は「クイズ」神社とも読めることから、高校生クイズなどの参加者が参拝に訪れることもあるという。

さらに、アジア最大級のサッカー専用スタジアム「埼玉スタジアム」にも近い。試合の日には直通の臨時バスも出ている。駅の規模は大きくないが、活気溢れる元気な街と言えるだろう。

東武スカイツリーライン雑学クイズ
Q25. 多くの鉄道が乗り入れる北千住駅は、何階建て？

大袋

おおぶくろ

線路が一望できる、斬新なデザインの橋上駅舎

昭和36年の大袋駅と周辺の様子。(提供／中島清治)

現在の大袋駅東口。高架で線路をまたぎ、西口に繋がっている。

駅データ

- ▶開業年
  大正15(1926)年10月1日
- ▶駅所在地
  越谷市大字袋山1200
- ▶1日の平均乗車数
  17,684人
- ▶起点(浅草)からの距離
  28.5km

東武スカイツリーライン(伊勢崎線)の起点、浅草駅から下り列車に乗り、越谷と名のつく駅を3つ通り過ぎると、大袋駅に到着する。

駅は簡易的な造りで、改札がひとつ。出口は西口と東口があるが、以前は東口のみだったようだ。駅舎は線路にまたがるように設置されており、窓から線路を眺めることができる。

西口に降りると広々としたロータリーが広がる。道路はしっかり整備され、美しいタイル張りの床が鮮やかだ。

一方の東口も、西口同様駅前が広々としており、様々な商店が並んでいる。駅前の踏切がのどかな風景を印象づける。駅前にはメロンパン専門のパン屋があり、開業当初は連日行列ができるほどの人

浅草
押上
とうきょう
スカイツリー
曳舟
東向島
鐘ヶ淵
堀切
牛田
北千住
小菅
五反野
梅島
西新井
竹ノ塚
谷塚
草加
松原団地
新田
蒲生
新越谷
越谷
北越谷
大袋
せんげん台
武里
一ノ割
春日部
北春日部
姫宮
東武動物公園

駅構内から見た線路。両脇には東口と西口の2つの出口がある。

東口駅前の様子。開けていて、開放感のある空間だ。

東口を出てすぐのところにあるメロンパン専門店。開業時には連日行列ができたという。

線路を挟んで、東口の対岸にある西口。出口のデザインは同一だが、看板は少し小さい。

古地図で見る大袋

昭和28年

当時、駅の周りは田畑が多かった。現在では民家などが建ち、活気が溢れている。

大袋駅年表

大正15（1926）年
大袋駅が開業。

昭和43（1968）年
ホームが2面4線化。

平成13（2001）年
ホームが2面2線化。

平成25（2013）年
橋上駅舎の使用を開始。

気ぶりだったという。

「大袋」の地名の由来について説明しておこう。明治時代、この付近には「恩間」「大竹」「大道」「三ノ宮」「袋山」「大林」「大房」という7つの村があった。この村が総称して「大袋村」となり、そこから駅名がつけられた。

ちなみに、駅の住所は越谷市大字袋山。7つの村があったときの名称が今も残っているのだ。

余談だが、地元民の一部では、「ブクロ」といえば東京の「池袋」ではなく、「大袋」という認識があるようだ。

東武スカイツリーライン雑学クイズ
Q26. 東武動物公園駅は、伊勢崎線と何線が分岐している？

せんげん台

せんげんだい

多くの団地住民に利用されている急行が止まる駅

駅の東口。こちら側からも西口の駅ビルの姿が見える。

昭和47年の駅周辺。ロータリーや住宅の姿はなく、田畑が広がる。（提供／花上嘉成）

駅データ

▶**開業年**
昭和42(1967)年4月15日
▶**駅所在地**
越谷市千間台東1-62-1
▶**1日の平均乗者数**
60,103人
▶**起点（浅草）からの距離**
29.8km

せんげん台駅は、隣りの武里駅と合わせて、多くの団地住民に利用されている駅だ。武里駅よりも多くの人が利用している理由の1つとして、急行がとまることが挙げられる。その利用者の多さ故か、一時は放置自転車数が全国ワースト1位を記録した。現在は整備され、駅周辺に多くの駐輪場があり、汚名は返上している。

駅の西口は駅ビル「TOSCA」直結している。駅からの行き帰りに、買い物や休憩を目当てに利用する人の姿が見られる。東口には直結しているビルこそないが、飲食店などが並び、西口に負けず賑やかだ。

駅から武里駅方面へ歩くと、すぐに「武里団地」が姿を現す。視界に広がる団地の姿はどこか勇ましくも感じられ、その荘厳さに圧倒されるという声もある。

駅近くの川（千間堀）を通過する電車。

駅付近の駐輪場。隙間なく自転車が止められている。

東口のロータリー。歩みを進めると、「かすかべ湯元温泉」のアーチがある。

西口に直結しているビルの入り口。写真左手へ進むと外に出られる。

西口のロータリー。放置自転車についての看板が目に入る。

古地図で見るせんげん台

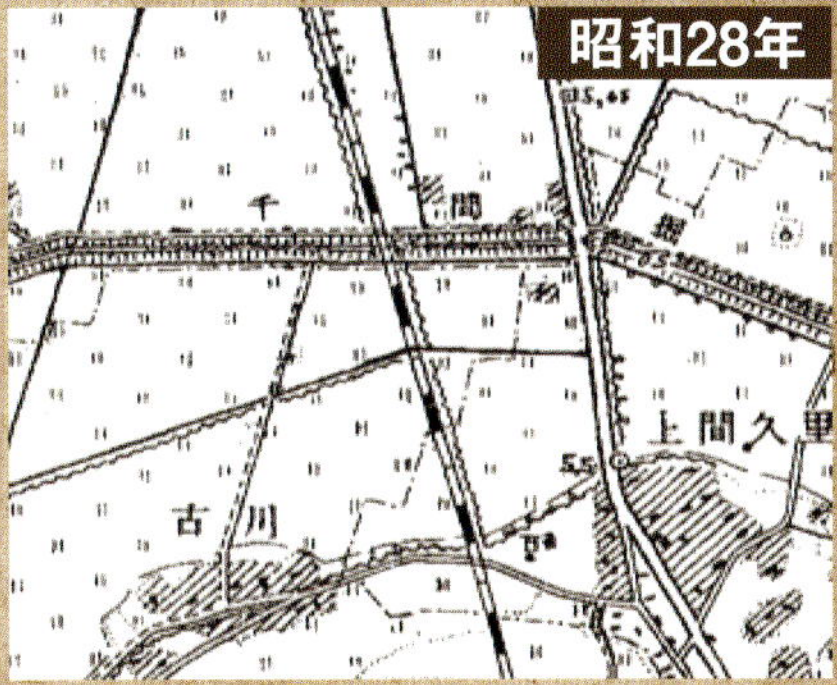

昭和42年に、駅舎ができる。当時水田が広がっていた土地には、今は団地が建ち並ぶ。駅名の由来である千間堀もこの当時から流れていた。

せんげん台駅に停車中の北春日部行き列車。

せんげん台駅 年表

昭和42（1967）年
せんげん台駅開業。

平成22（2010）年
発車メロディの導入。

平成24（2012）年
ナンバリング（TS24）を導入。

駅が賑わいを見せるようになった大きなきっかけは、武里団地の誕生にあると言っても過言ではない。日本住宅公団（現・UR）が武里団地6200戸を建設、昭和41（1966）年の入居開始に合わせて駅も開設、翌年に開業した。水田が広がっていた場所は、今では多くの団地やマンションが建ち並び、東京のベッドタウンとしての役割も担っている。

駅名は駅の下りを流れる川「千間堀」が由来だ。「台」は川沿いや海沿いの平らな高地を指す他、近年は団地の所在をあらわすことから、武里団地の存在も示している。

東武スカイツリーライン雑学クイズ
Q27. グッドデザイン賞やブルーリボン賞を受賞した特急車両は？

武里

たけさと

人気作品の舞台となった団地がある町

昭和59年の西口の様子。商店が並ぶ様子は現在とあまり変わらない。（提供／春日部市郷土資料館）

現在の武里駅西口の様子。

駅データ

- 開業年
  明治32(1899)年12月20日
- 駅所在地
  春日部市大場450
- 1日の平均乗者数
  16,065人
- 起点（浅草）からの距離
  31.1km

東武動物公園駅方面へ向かう場合、春日部市内に入って最初に辿り着く駅が武里駅だ。駅の開業は明治32（1899）年と、伊勢崎線の他駅と同様にとても古い。その後、現在地へ移転し、昭和44（1969）年には橋上式駅舎での営業を開始。更に平成19（2007）年にはユニバーサルデザインの一環として、エレベータが新設、利便性が増した。

　駅の東口はいくつかの店をのぞき、多くの住宅が並んでおり、静かな印象を受ける。対照的に西口は、発展した様子だ。高いビルこそないものの、バスの昇降場があり、周辺には多くの店が並ぶ。どこか懐かしい雰囲気漂うその景色は、開放的な駅のホームからも見ることができる。

　武里駅から南西へ約300

駅舎から見たホーム。住宅の間を一直線に線路がはしる。

駅のホーム。橋上式の駅舎は、改修により新しくなっている。

駅舎の窓から撮影した西口のロータリー。

駅から数分のところには団地が建ち並ぶ。

現在の武里駅東口の様子。

古地図で見る武里

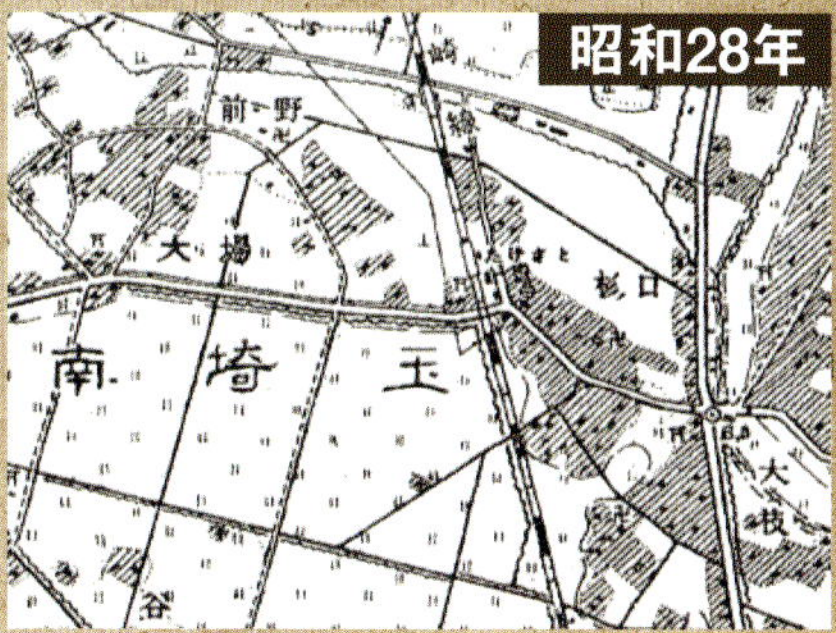

現在では住宅や団地が広がっている駅周辺だが、武里団地の建設以前は、周辺の駅と同様水田が一帯に広がっていた。

東口駅前。ロータリーなどはなく、道路にそって商店が並ぶ。

武里駅年表

明治32（1899）年
武里駅が開業。

大正2（1913）年
現在地へ移転。

昭和44（1969）年
橋上駅舎での営業開始。

平成19（2007）年
エレベーターの新設。

メートル、せんげん台駅との間に武里団地がある。この団地は春日部を舞台とした人気作品「クレヨンしんちゃん」の舞台ともなっている。団地名や駅名にある「武里」は明治22（1889）年に7ヵ村と増田新田を合併し新設された「武里村」にちなむとされる。武里村はその後、春日部町など1町4村と合併し、春日部市の一部となっている。

駅から徒歩数分のところに、大畑香取神社がある。毎年7月の中旬に奉納される「やったり踊り」は埼玉県無形文化財として多くの人に知られている。

東武スカイツリーライン雑学クイズ
Q28.「東武スカイツリーライン」という路線愛称を付けたのは何年？

一ノ割駅の外観。駅周辺には喫茶など、店が並ぶ。

一ノ割

いちのわり

古くからの地名が残る駅と町

踏切を渡った先の地下通路。手前と奥の2カ所から出られる。

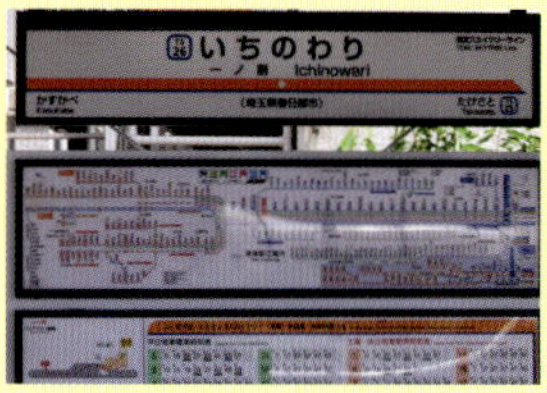

駅データ

▶開業年
大正15(1926)年10月1日
▶駅所在地
春日部市一ノ割1-1-1
▶1日の平均乗者数
18,310人
▶起点（浅草）からの距離
33.0km

一ノ割駅周辺は武里駅周辺同様、古くは下総の国として現在の千葉県の一部に属していた地域だ。当時は「市野割村」と呼ばれていた。江戸自体に広く行なわれた割地制度では「一ノ割」、「二ノ割」と平等に土地が分けられていった。その名が地名として残り、大正15（１９２６）年の駅開業時に駅名となったのだ。

昔は田園風景が広がっていた駅周辺は、武里団地の建設など住宅化の波が押し寄せ、現在では住宅地となっている。

駅は、路線内では珍しい地上駅舎である。相対式ホームの上り、浅草・押上方面側に駅舎は建っている。ホーム間の移動には、地下の連絡通路以外にエレベーター専用の跨線橋が設置されている。東武動物公園駅方面の車両から降り

別の場所から見た駅の外観。改札はこの1カ所のみだ。

改札外から反対ホーム側へ続く踏切や地下通路。

駅のホーム。どこか懐かしい雰囲気が漂う。

踏切近くにある飲食店。駅前とは異なり、居酒屋などがある。

古地図で見る一ノ割

昭和28年

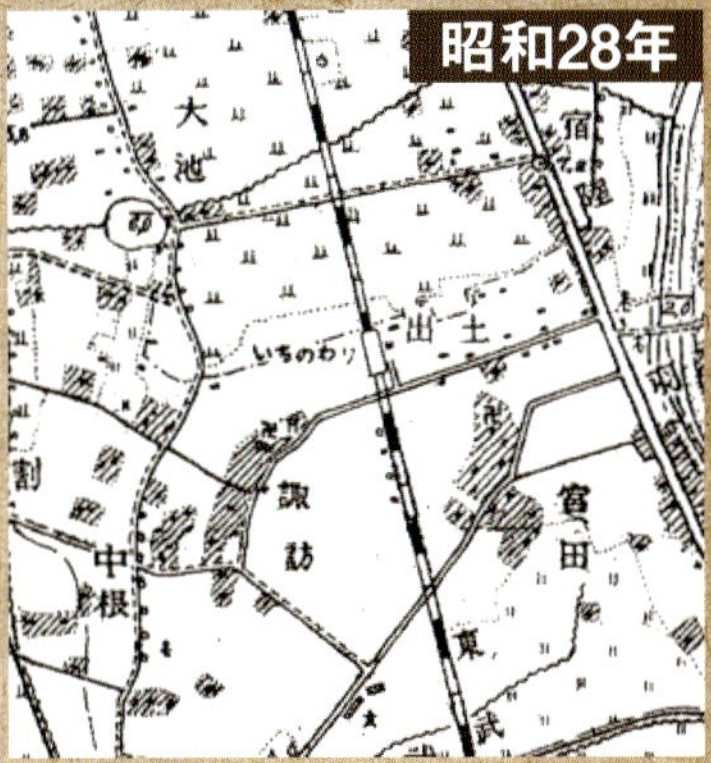

江戸時代に行なわれた割地制度の遺名がついた駅舎の周辺は、やはり、水田が広がる。当駅も住宅化により、周囲が変化していく。

改札へと続く跨線橋。

一ノ割駅年表

- 大正15（1926）年 一ノ割駅が開業。
- 平成23（2011）年 発車メロディを導入。
- 平成24（2012）年 駅ナンバリング（TS26）を導入。

た際には、これらの通路を用いて改札のある駅舎へと向かう。

駅舎の外に出て、下りのホームへ移る際は、駅近くの踏切を渡る必要がある。また、線路下をくぐる地下通路の利用も可能だ。

駅の近くには様々な飲食店が並ぶ。出かける際に立ち寄る人も少なくない。

周辺の名物に大河山華厳院円福寺がある。駅から歩いて3分のところにあるこの寺は子育て呑龍上人（江戸時代初期の僧）の誕生地としても知られている。木彫立体當麻曼荼羅など寺宝や文化財も多く保存されている。

東武スカイツリーライン雑学クイズ
Q29. 東武スカイツリーラインは、浅草・押上駅から何駅まで？

春日部

かすかべ

「粕壁」から「春日部」へ 2つの路線を繋ぐ主要駅

現在の春日部駅東口。昼間にもかかわらず多くの人が行き交う。外観は改修されたため、昔の面影ほとんどない。

昭和37年の春日部駅東口。画面中央よりやや左に「春日部市商王案内路図」がある。（提供／春日部市郷土資料館）

駅データ

- ▶開業年
  明治32（1899）年8月27日
- ▶駅所在地
  春日部市粕壁1-10-1
- ▶1日の平均乗者数
  72,401人
- ▶起点（品川）からの距離
  35.3km
- ▶乗換
  東武アーバンパークライン（東武野田線）

春日部駅の開業は明治32（1899）年。当時の駅名は「粕壁」と、現在とは異なる漢字表記だった。

旧駅名であり、周辺の旧地名でもある「粕壁」は、江戸・元禄時代に使われていた地名だ。当時は米や麦の集散地であり、経済の中心地として栄えていた。

また、ここは奥州日光街道の4番目の宿場としても賑わっていた。同じく奥州日光街道の宿場町だった、現在の北千住や東武動物公園駅なども当駅と同時期に開業しており、いずれも路線内屈指の古さと歴史がある。

駅名が春日部となったのは昭和24（1949）年のことだ。昭和19（1944）年に粕壁町が内牧村と合併し、町名が「春日部」となったことを受け、改称された。

現在の駅前の様子。バスの発着も行なわれている。

昭和45年の駅東口の様子。東武と名のつく看板が目に入る。（提供／春日部市郷土資料館）

大通り側の歩道付近で撮影したロータリー。広く、華やかな雰囲気だ。

昭和48年の東口の様子。（提供／春日部市郷土資料館）

春日部駅年表

明治32（1899）年
粕壁駅の名で開業。

昭和24（1949）年
町名の変更を受け、春日部へと改称。

昭和41（1966）年
地下鉄日比谷線直通列車の乗り入れ開始。

平成15（2003）年
地下鉄半蔵門線直通列車の乗り入れを開始。

春日部町はその後、周辺の4つの村と合併し、現在は春日部市の一部となっている。

駅には普通列車から急行列車、特急スペーシアの一部など様々な車両が停車する。また、当駅で乗り換えることができる東武野田線は、埼玉の大宮から千葉の柏を経て同じく千葉県の船橋を結ぶ、東武鉄道内で唯一千葉県を通る路線だ。野田線は平成26（2014）年より「東武アーバンパークライン」の愛称で親しまれている。

2つの路線が行き交う駅は、単式ホームと島式ホームを合わせて3面5線を有する。普通列車から急行列車、特急スペーシアの一部など様々な車両が停車する、路線内でも規模の大きい春日部駅は、路線内の主要駅として多くの人が利用している。

駅構内には一部に貨物輸送を行なっていた際に使用された施設の痕跡などが残っている。「往年の国鉄の主要駅に似ている」「昭和の面影を感じられる」という声が

春日部市物産展示場。押絵羽子板などが並ぶ。

現在の春日部駅西口の様子。

昭和40年代の春日部駅西口の様子。（提供／春日部市郷土資料館）

昭和45年頃の春日部駅西口の様子。（提供／春日部市郷土資料館）

昭和40年代の春日部駅西口。多くの自転車から利用者の多さが分かる。（提供／春日部市郷土資料館）

現在の春日部駅西口駅前の様子。オブジェやシンボルツリーが見られる。

あり、駅や伊勢崎線の歴史を振り返ることができる。

　駅舎は東口と西口それぞれに設けられており、構内では2つの跨線橋で、往来できる。改札外では、魚など水族館のような水中のイラストが描かれた地下通路などを使って線路を超え反対側の出口へ行くことが可能だ。

　東口は近年の再開発により、広い駅前広場が設けられた。ロータリーには、緑の中に仲の良い家族を模したオブジェや洋風の時計などがある。西口に比べて銀行や商業施設が多いのも特徴の1つだろう。駅前から西の方へ向かうと、昔ながらの商店など古い町並みも残っている。

　西口は、昭和46（1971）年に、駅西口一帯の区画整理事業に合わせて開設された。改札を出ると、角度によって見える模様が変化する複数の石柱からなるオブジェや、シンボルツリーが目に入

駅に停車中の東武アーバンパークライン（東武野田線）の車両。

昭和29年ごろの春日部駅構内。駅舎などから歴史を感じる。（提供／春日部市郷土資料館）

昭和45年頃の春日部駅西口。ホームに多くの人の姿がある。（提供／春日部市郷土資料館）

通路には海の生き物のイラストが描かれている。

西口側から東口側へ通じる通路の入り口。

古地図で見る春日部

昭和28年

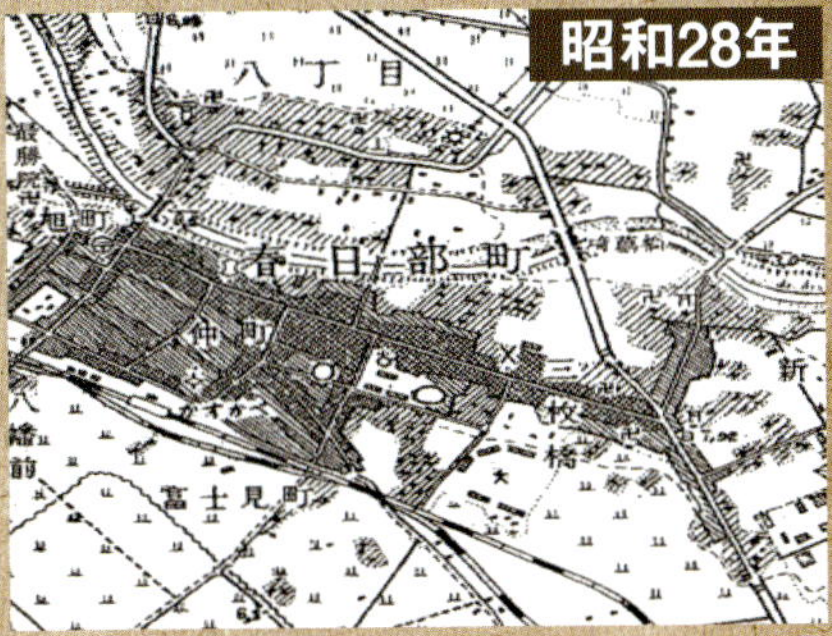

駅名が改称され、数年。周辺には一面に水田が広がっていたことが読み取れる。それらは現在では、住宅地へと変化している。

る。市役所側だということもあってか、それらは東口に比べ控えめな雰囲気だ。

西口の特徴の1つとして、駅近くにある春日部市物産展示場があげられる。ロータリー側の展示は三洲製菓など周辺企業の食品の他、春日部張子人形などが並ぶ。その反対側には押絵羽子板や桐箱・桐箪笥など、春日部の伝統工芸品などが展示されている。ビルが多く建ち並ぶなかで、歴史を感じられる空間であり、足を止める人の姿も少なくない。

東武スカイツリーライン雑学クイズ
Q31. 現在の浅草駅は、かつて何駅と呼ばれていた？

現在の駅の西口。

北春日部

きたかすかべ

車両管区の使用開始とともに起終点として開業した駅

昭和41年、建設中の駅の様子。駅の造りはほとんど変わらない。（提供／春日部市郷土資料館）

駅の東口。西口よりも少し簡素な印象だ。

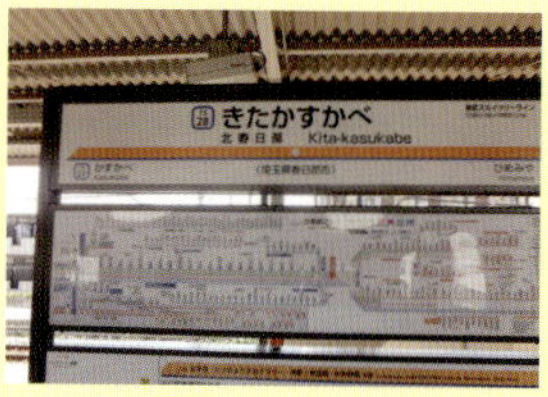

駅データ

▶開業年
昭和41（1966）年9月1日
▶駅所在地
春日部市梅田本町1-13-1
▶1日の平均乗者数
9,989人
▶起点（浅草）からの距離
36.8km

北春日部駅の開業は昭和41（1966）年と、他の駅に比べて比較的新しい。駅郊外には「北春日部」という地名はなく、隣の春日部駅の北に位置することからその名がつけられた。

　同年に西新井研修区から移転してきた南栗橋車両管区春日部支所（旧・春日部研修区）と春日部乗務管区が設置される。駅はその使用開始とともに、出入庫時の起終点として営業を開始した。当時は北越谷止まりだった日比谷直通電車の運転区間も、北春日部駅まで延長されている。

　駅のホームは1面のみだが、線路が5本ある。ホームに接する上下線の他、快速などが通る通過線、当駅始発の列車用の引き上げ線が並んで敷設されている。橋上式駅舎の窓からは、電車の姿とともに

駅舎から見た車両管区。駅利用者には関係者も多い。

現在の駅の様子。線路をまたぐように、通路がある。

東口駅前には、駐車場や住宅街が広がる。

駅舎から見える町の様子。水田が今も残る。

古地図で見る北春日部

北春日部駅周辺も水田が見られる。現在も一部の水田が残っており、駅から目視できる。埼玉県立春日部工業高校も、当時から駅付近にある。

西口にある区画整理完成記念の石碑。ロータリーは緑が多く、広い。

北春日部駅年表

昭和41（1966）年
春日部研修区（現・南栗橋車両管区）の使用開始に合わせて北春日部駅開業。同時に、日比谷線直通列車が北越谷から当駅まで延長される。

平成25年（2013）年
当駅終着の区間急行が区間準急に変更。当駅終着の区間急行が廃止される。

その線路の広さもうかがえる。

駅の西口を出ると、まず目に入るのがきれいなロータリーだ。これは、区画整理によって整備されたものである。ロータリーの中央、シンボルツリーの付近には「区画整理完成記念」の石碑がある。

東口は西口に比べ、簡素な造りとなっている。ロータリーなどもなく、駐輪場や駐車場が多い。その向こうには、多くの住宅が並んでいる。出てすぐ首を左に向けると前述の車両管区を目にすることができる。そのため、利用者の中には東武鉄道関係者も多い。

東武スカイツリーライン雑学クイズ
Q32. 浅草駅に正式に改称したのは、何年？

姫宮

ひめみや

神社に由来する女性らしく優雅な名前の駅

駅の外観。（提供／宮代町郷土資料館）

平成9年頃の駅。花壇があるためか、華やかである。（提供／宮代町郷土資料館）

別の角度から見た平成9年頃の駅。（提供／宮代町郷土資料館）

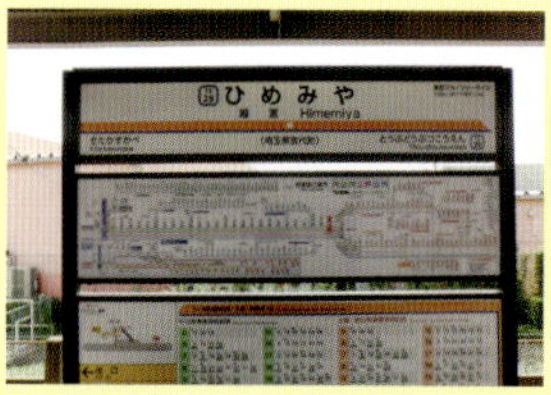

駅データ

▶開業年
昭和2(1927)年9月1日
▶駅所在地
南埼玉郡宮代町川端1-1-1
▶1日の平均乗者数
5,327人
▶起点（浅草）からの距離
38.4km

優雅かつ可愛らしい、女性的な印象を受ける駅名は、駅から北へ徒歩10分のところにある「姫宮神社」が由来だ。この神社は駅所在地である「宮代町」の「宮」の字の由来にもなっている。

神社に祀られているのは桓武天皇の孫である宮目姫だ。この地を訪れた姫は山中の紅葉にみとれ、その間に日が落ち、寒さから病にかかり急逝したという伝説がある。その後、天長5（828）年に、慈覚大師円仁が姫の物語を里人から聞き、「姫宮明神」として祠を建てたという。

ホームは相対式で、2面2線。平成13（2001）年に完成した新駅舎は橋上式で、東西を自由に往来できる。バリアフリー化も施されており、ホームや出入り口、駅舎はエスカレーターやエレベー

ホームは開放的で、周囲の景色がよく見える。

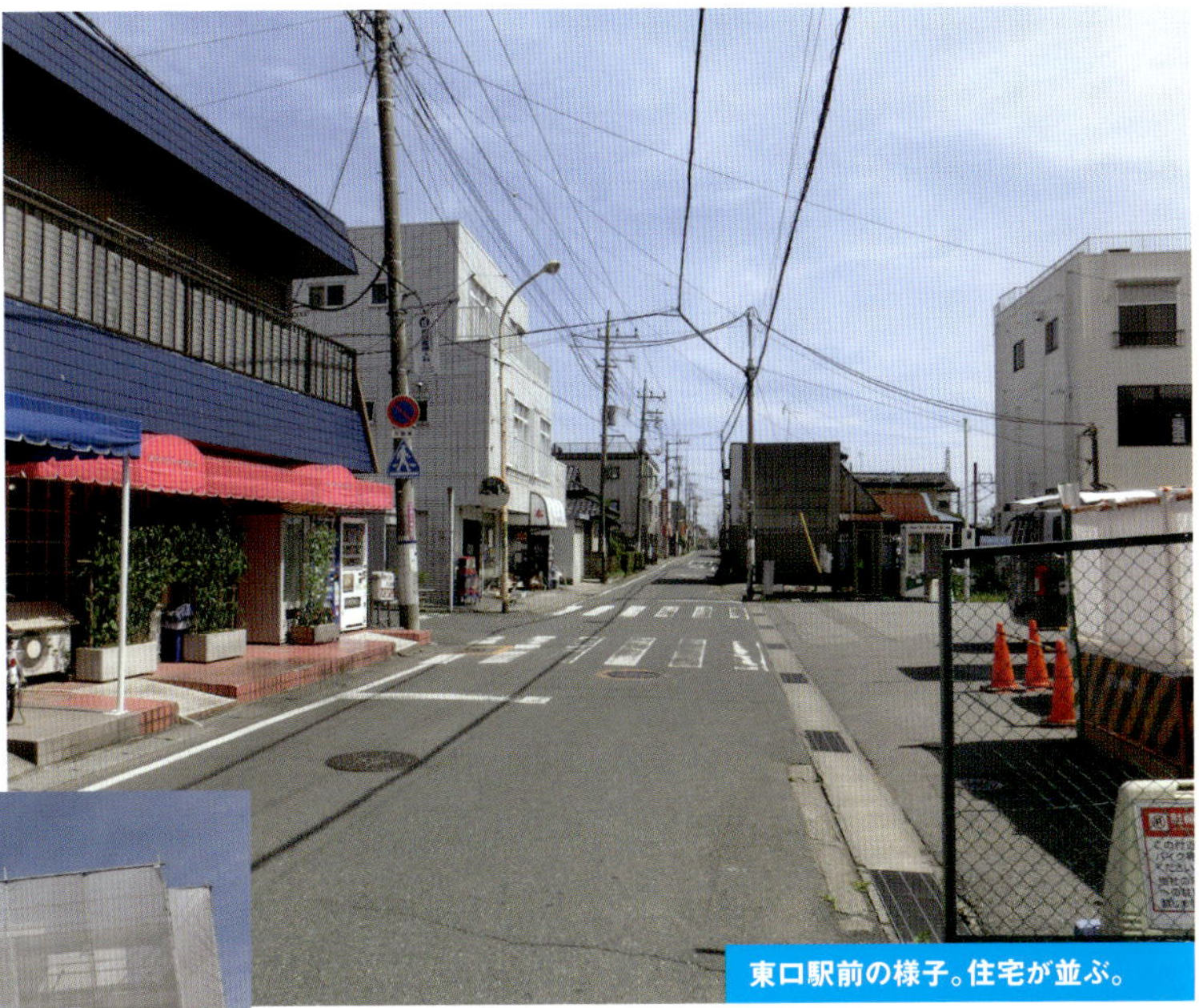

東口駅前の様子。住宅が並ぶ。

駅西口。東口同様、現在は改修のためか、灰色の布に覆われている。

ホームから見える駅舎。

古地図で見る姫宮

明治27年

現在の姫宮駅は、地図の百間東村とある辺りだと推測される。地図には表示されていないが、周辺には「姫宮祠」という表記もある。

西口駅前のロータリー。

姫宮駅年表

昭和2（1927）年姫宮駅が開業。
平成13（2001）年橋上駅舎の完成。エスカレーター、エレベーターの使用開始。
平成23（2011）年発車メロディを導入。

ターが設置されている。

姫宮駅の乗降人員は堀切駅に続き、スカイツリーラインの愛称区間内で2番目に少ない。駅周辺も人や車の通りは少なく、静かで落ち着いた雰囲気が漂っている。西口にはバスの乗降場があり、隣りの東武動物公園駅や伊勢崎線和戸駅へ向かうものなど、町内を循環するバスが運行されている。

駅から徒歩20分のところには、宮代町の郷土資料館がある。一年を通して企画展や特別展、体験学習教室を行なっており、宮代に対する理解を深めることができる。

東武スカイツリーライン雑学クイズ
Q33. 業平橋駅（現・とうきょうスカイツリー駅）が開設したのは何年？

東武動物公園

とうぶどうぶつこうえん

レジャー施設の名がついた、東武スカイツリーライン最後の駅

現在の東口の外観。

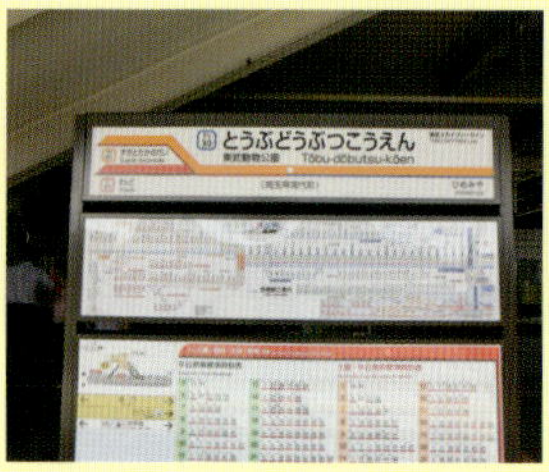

昭和55年、杉戸駅東口の様子。(提供/花上嘉成)

東口を出るとすぐ目に入る「駅前一番街」。飲食店が並ぶ。

駅データ
- ▶開業年
  明治32(1899)年8月27日
- ▶駅所在地
  南埼玉郡宮代町百間2-3-24
- ▶1日の平均乗者数
  31,837人
- ▶起点(浅草)からの距離
  41.0km

東武動物公園駅はスカイツリーラインの愛称が定められた区間最後の駅である。スカイツリーラインを含む東武伊勢崎線としては、当駅を経て、和戸駅へと向かう。

駅開業時の名前は「杉戸」だった。それは、奥州日光街道5番目の宿場町に由来する。明治32(1899)年の開業は、同じく日光街道の宿場町に由来する北千住や粕壁(現・春日部)駅と同年であり、当駅もまた古い歴史を持っている。現在の駅名は昭和56(1981)年、駅の南西600メートルの位置に東武動物公園が開園された際、その広告も兼ねて、改称されたものだ。

当駅で乗り換えることができる日光線は、昭和4(1929)年に東武動物公園駅を起点として、

浅草
押上
とうきょうスカイツリー
曳舟
東向島
鐘ヶ淵
堀切
牛田
北千住
小菅
五反野
梅島
西新井
竹ノ塚
谷塚
草加
松原団地
新田
蒲生
新越谷
越谷
北越谷
大袋
せんげん台
武里
一ノ割
春日部
北春日部
姫宮
東武動物公園

駅の外から見える跨線橋。

駅の改札。窓から光が入っており、明るい。

ホームからも西口の空き地が見える。

ホームに入って来る電車。

現在の駅西口の外観。（提供／宮代町郷土資料館）

東武動物公園駅 年表

明治32（1899）年
杉戸駅として開業。

昭和56（1981）年
東武動物公園の開業に伴い、駅名を改称。橋上駅舎化され、東京メトロ日比谷線の直通列車の乗り入れ区間が当駅まで延長。

平成15（2003）年
特急「りょうもう」全列車の停止を開始。
東京メトロ半蔵門線、東急田園都市線の直通運転が開始。

平成16（2004）年
東武鉄道杉戸工場の廃止、南栗橋車両管区へ統合。

平成26（2014）年
新設の西口、跨線橋の併用開始（既存の西口と跨線橋を閉鎖）。

新鹿沼駅まで開業している。その後、順次工事が進み、10月に東武日光駅までの全線が開通する。電車は駅を出ると、東側を流れる大落古利根川を渡り、栃木県日光方面へと走って行く。

　2面4線を有するホームには、特急や快速を含め様々な種類の電車が停まる。駅名が改称された昭和56（1981）年には地下鉄日比谷線（東京メトロ）直通電車が北春日部から当駅まで延長されており、平成15（2003）年には地下鉄半蔵門線（東京メトロ）や東急田園都市線（東急電鉄）への直通運転も開始している。それにより、利用者の利便性が大幅に増した。

　駅から東口の改札を出ると、多くの商店が目に入る。特に駅前一番街は飲食店を中心としており、仕事帰りやお昼に利用する人も少なくない。バスの発着点として機能しているロータリーは、他の駅と比べると、まわりのビルが高いこともあってか、より小さく感じ

東武スカイツリーライン雑学クイズ
Q34. 曳舟駅は、東武スカイツリーラインと何線が通る？

町の特産である巨峰をPRするためか、歩道には葡萄のタイルが並ぶ。

こちらのタイルにも葡萄の模様がある。

西口は駅構内の「STATION GARDEN」の先にある。

明治時代の杉戸駅の様子。屋根などから歴史を感じられる。（提供／杉戸町教育委員会）

駅舎からもロータリーが見られる。

駅前のロータリー。バスの停車場でもあるためか、屋根が設置されている。

られる。この駅前広場の都市計画の手続きが平成25（2013）年3月に完了しており、これから更なる発展を見せるだろう。

西口は東口に比べ閑散としている印象を持つ人もいる。広いバスロータリーの周囲は一面草が生い茂り緑が広がっている。その向こうに、住宅などの姿が見られる。

西口に広がる空き地は、杉戸工場の跡地である。現在の西口のロータリーも西口地区整備事業の一環として、工場跡地に建設されたものだ。駅に隣接していた工場は、主に機関車や貨物の修繕を行なっていた。貨物輸送の廃止に伴い、電車の修理を受け持っていたが、西新井工場とともに南栗橋工場に統合され、平成16（2004）年3月31日に廃止となった。

駅名の由来である「ハイブリッド・レジャーランド東武動物公園」について触れておく。ハイブリッド、の名の通り動物園と遊園地を

西口前には空き地が広がる。

入り口前には東武動物公園の看板がある。

西口から徒歩10分のところにある東武動物公園入口。

融合させた、本格的なレジャー施設だ。様々な種類の動物が見られるほか、触れあえるイベントなども多く開催される。東武トップツアーズの各支店などでは、鉄道とバスの往復乗車券や入園券のセットの購入ができる。駅から園まではシャトルバスが出ているが、徒歩で向かっても10分とかからない。道中は進修館や宮代町役場などの施設があり、東武動物公園が近付くにつれ増えていく駐車場は、多くの人で賑わう様が想像に難くない。

古地図で見る東武動物公園

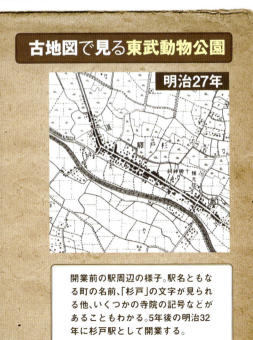

開業前の駅周辺の様子。駅名ともなる町の名前、「杉戸」の文字が見られる他、いくつかの寺院の記号などがあることもわかる。5年後の明治32年に杉戸駅として開業する。

スカイツリートレイン

平成24（2012）年度、東武列車の6050系（6177-6178編成）は展望車両に改造された。改造後の列車は同年に誕生した東京スカイツリー®との関連性を持たせるため、「東京スカイツリートレイン」と命名された。形式は634型となったが、これはスカイツリーの高さ（634m）に基づいている。デザインは白をベースに、円形の模様がライン状に並び、その中に東京スカイツリーも描かれている。このデザインは2パターンあり、634-11編成は青空をイメージした寒色系のカラー、634-12編成は朝焼けをイメージした暖色系のカラーだ。展望車両というだけあって、車内の床は6050系時代と比較して150mm底上げされている。これにより、広範囲で窓の外の景色を楽しむことができるようになった。

日本鉄道車両研究会

1997年に結成。日本のみならず、海外諸国の鉄道車両に関する研究を中心に活動。各大学の鉄道サークルとの交流も深い。

【写真提供】

東武博物館、埼玉東部写真集、中島清治、国書刊行会、すみだ郷土文化資料館、足立区立郷土博物館、春日部市郷土資料館、宮代町郷土資料館、杉戸町教育委員会、林智春、花上嘉成、国土地理院、永田宏人

【参考文献】

『東武鉄道の世界』（交通新聞社）、『東武鉄道のひみつ』（PHP研究所）、『隅田川を歩く』（林順信著／JTB）、『日本の車両24　東武鉄道』（ネコ・パブリッシング）、『日本の私鉄　東武鉄道』（広岡友紀著／毎日新聞社）、『私鉄電車ビジュアルガイド　東武鉄道』（東武電車研究会編著／中央書院）

本書に関するお問い合わせはこちらまで
編集部
03-3971-1503
（祝日を除く月～金　12時～18時）

彩流社

東武《とうぶ》スカイツリーライン　街《まち》と駅《えき》の今昔物語《こんじゃくものがたり》

発行日 ………………… 2015年8月31日　第1刷
※定価はカバーに表示してあります。

著者 ………………… 日本鉄道車両研究会
発行者 ………………… 竹内淳夫
発行所 ………………… 株式会社彩流社
〒102-0071　東京都千代田区富士見2-2-2
TEL.03-3234-5931　FAX.03-3234-5932
http://www.sairyusha.co.jp

編集制作 ………………… 株式会社夢現舎（担当：大竹朝美、村林里美、玉井咲）
協力 ………………… 日本鉄道車両研究会
装丁・デザイン・DTP …… 株式会社インサイド
印刷 ………………… モリモト印刷株式会社
製本 ………………… 株式会社難波製本

ISBN 978-4-7791-2366-5 C0026